OBÁ XIII!

coleção orixás
OBÁ

"A AMAZONA BELICOSA"

coleção orixás

OBÁ
"A AMAZONA BELICOSA"

CLÉO MARTINS

Rio de Janeiro
1ª edição | 2ª reimpressão
2020

Editor:
Cristina Fernandes Warth

Coordenação Editorial:
Heloisa Brown

Coordenação da Coleção:
Helena Theodoro

Revisão Tipográfica:
Heloisa Brown
Maria do Rosário Marinho

Concepção Gráfica de Capa e Miolo:
Luciana Justiniani

Editoração Eletrônica:
Geraldo Garcez Condé

CIP-BRASIL. CATALOGAÇÃO-NA-FONTE.
SINDICATO NACIONAL DOS EDITORES DE LIVROS, RJ.

M342o	Martins, Cléo.	
	Obá a amazona belicosa / Cléo Martins, [ilustrado por Luciana Justiniani] - Rio de Janeira: Pallas, 2011.	
	ISBN 978-85-347-0256-0	
	I. Obá (Orixá). 2. Orixás - Culto. I. Título. II. Série.	
01-1245		CDD 299.67
		CDU 299.6.2

Pallas Editora e Distribuidora Ltda.
Rua Frederico de Albuquerque, 56 – Higienópolis
CEP 21050-840 – Rio de Janeiro – RJ
Tel./fax: (021) 2270-0186
www.pallaseditora.com.br
pallas@pallaseditora.com.br

"Feitiço iorubá é faraimará.
Um beijo de Oxum,
sabor de afurá.
Quartinhas de Odé,
dançando alujá.
O tempero, minha preta,
está no Gantuá.

A mesa de Nanã
dá muito o que falar;
inhame, peixe assado, ekó e acará.
Domingo de outubro,
Iroko vai dançar
com Obá, a amazona,
que só tem no Gantuá.

Chamego iorubá,
O som de ijexá.
Coroa de Xangô
na esteira de Oiá.
A força de Ogum,
nos olhos de Euá.
Um cheirinho, minha
preta, de dandá e
macaçá.

Senhora Menininha,
é ialorixá
baiana soberana
de Abeokutá.
Levou sua Bahia
a todo lugar.
Lindo fruto de Pulquéria, tradição do Gantuá."

(Estes versos fazem parte da canção *Feitiço Iorubá*, de autoria de Cléo Martins e Edil Pacheco, que compõe a trilha sonora do documentário "Cidade das Mulheres", cujo preview foi lançado no dia 25 de novembro de 1999, por ocasião do tombamento do Ilê Axé Opô Afonjá, pelo Iphan, como parte das comemorações pelos sessenta anos de iniciação religiosa de Mãe Stella).

Para Mãe Stella e Mãe Aída Margarida, com amor.

À Mãe Bida de Iemanjá, com carinho e saudade, verdadeira mulher do partido-alto.

◆

Às memórias de minha Tia Noêmia de Oxoguiã, Iá Caetana Bangbose, Mãe Eunice de Xangô e de minha avó Jacyra Feitosa Martins, uma verdadeira filha de Obá.

◆

Aos primos Arnaldo Lima Dias e José Ribamar Feitosa Daniel, dois homens de fé, e a todos os guerreiros e as guerreiras pela vida.

Para Mãe Bida —
Correnteza da tradição

Correnteza decidida
alegre, vivaz.
Ponto de partida,
brejeiro, loquaz.
Sobre pedras, luminosa,
burburinhos de ternura,
água pura, corajosa,
agudez e fartura.

Apelo da tradição,
correnteza erudita.
Entranhas da paixão,
águia total e bendita
sob nuvens, poderosa,
tão perto do coração,
água doce, generosa,
caminho de perfeição.

                Cléo Martins

SUMÁRIO

APRESENTAÇÃO DA COLEÇÃO ♦ 19

PREFÁCIO ♦ 21

APRESENTAÇÃO ♦ 23

INTRODUÇÃO ♦ 29

1 OBÁ, A AMAZONA BELICOSA ♦ 43

2 AS MULHERES DO REI XANGÔ ♦ 47

3 OBÁ É A SOLUCIONADORA DAS CAUSAS IMPOSSÍVEIS ♦ 53

4 O QUE OBÁ GOSTA DE COMER COM DELÍCIA! ♦ 55

5 DICAS PARA O PREPARO DO ACARAJÉ DE CLÉO ♦ 59

6 OBÁ É DA "ÁGUA BARULHENTA", DO AR E TAMBÉM DA TERRA E DO FOGO ♦ 67

7 OBÁ, A SENHORA DO VERMELHO ♦ 71

8 AS ROUPAS E AS FERRAMENTAS DO ORIXÁ OBÁ NOS TERREIROS ♦ 75

9 A SOCIEDADE FEMININA ELECÔ E GUELEDÉ ♦ 79

10 A VALENTE HIPÓLITA IORUBÁ ♦ 87

11 AS MULHERES-PÁSSAROS, ODUDUA E OBÁ ♦ 91

12 OBÁ É IRMÃ DE OIÁ-IANSÃ, MAS NÃO É IANSÃ ♦ 105

13 **OBÁ E OXÓSSI** ♦ 111

14 **OBÁ E OGUM** ♦ 115

15 **OBÁ E EUÁ** ♦ 117

16 **OBÁ E XANGÔ** ♦ 119

17 **OBÁ E OXUM** ♦ 123

18 **OBÁ E NANÃ** ♦ 127

19 **AS FILHAS DE OBÁ** ♦ 129

20 **O CULTO DE OBÁ, NA ATUALIDADE** ♦ 133

21 **A IMPORTÂNCIA DOS MITOS** ♦ 137

OBÁ É A SENHORA DO RIO E
AUXILIADORA DOS INJUSTIÇADOS ♦ 138

AS TRÊS MULHERES DO REI ♦ 144

OBÁ CONFIOU NA RIVAL E PERDEU A ORELHA ♦ 147

A NETA DE OBÁ ◆ 151

OBÁ AJUDOU OXUM A BOTAR IANSÃ PARA CORRER ◆ 157

OGUM FOI O PRIMEIRO MARIDO DE OBÁ ◆ 160

XANGÔ FOGE CORRENDO ◆ 163

OBÁ E OXUM VIRAM RIOS (UMA VARIANTE DA LENDA DA ORELHA) ◆ 166

O CAVALO-MARINHO ◆ 168

OBÁ CORTOU O RABO DO CAVALO BRANCO DE XANGÔ ◆ 171

OBÁ EXIGE A FILHA DO REI EM SACRIFÍCIO ◆ 173

OBÁ GANHA O PATRONATO DA FAMÍLIA ◆ 175

CONCLUSÃO ◆ 179

GLOSSÁRIO ◆ 181

BIBLIOGRAFIA ◆ 191

APRESENTAÇÃO DA COLEÇÃO

A coleção orixás apresenta entidades divinas que têm uma função cósmica, social e pessoal.

Cada orixá é encarregado de uma missão específica, contribuindo para a formação do mundo, dos seres que o habitam, além de ajudar na definição de princípios que regem o mundo, os Homens e suas relações.

Ao apresentar sua pesquisa sobre Obá, Cléo Martins trata da relação dinâmica entre o mundo exterior, o grupo e o indivíduo, ao falar da mais velha das três mulheres de Xangô, guardiã da esquerda, da sociedade Elecô, sociedade feminina da África, que não veio para o Brasil.

A cultura negra funciona com os princípios masculino e feminino em equilíbrio, não havendo nenhum impedimento de um homem ser de uma energia de princípio feminino nem de uma mulher possuir um orixá de princípio masculino.

O papel mulher como cabaça que contém e é contida, responsável pela continuidade de vida da comunidade, implica uma dimensão ideológica e política, que se entrelaça com a origem de sua energia cósmica – os orixás – que representam outras dimensões de ordem psicológica e espiritual.

As comunidades-terreiros, como o Axé Opô Afonjá de onde provém Cléo Martins, preservam a cultura e as representações simbólicas dos cultos afro-brasileiros e dos povos que vieram como escravos e que constituem hoje mais da metade da população do país. Em seu livro, Cléo Martins conta mitos e revela a natureza profunda de um orixá feminino, plural e multifacetado, que nos ajuda a entender um pouco mais o universo feminino, a religiosidade e a fé das mulheres negras, que se deixam atravessar pelo movimento do Cosmos, numa relação de liberdade real e efetiva com a importante tarefa do viver.

Helena Theodoro

Prefácio

O candomblé está sendo reconhecido, nessa início de milênio, como uma religião e uma filosofia voltadas para ampliar a compreensão do homem e sua realidade. Cada vez mais o candomblé nos mostra que tudo na vida está inter-relacionado.

Assim é com os orixás. Aqui, o tema central é Obá, uma aiabá velha, feiticeira poderosa, líder da confraria de mulheres guerreiras, a sociedade Elecô. Por isso domina todos os elementos. Por isso seu local preferido é a pororoca, o barulhento encontro das águas. E com personalidade tenaz, é solucionadora das causas impossíveis.

Obá é um orixá com poucas filhas de santo e seu mito corre o risco de desaparecer. Este livro alerta para sua existência, sua importância no contexto religioso e na própria personificação de humanos. Quantos de nós não carregam na essência essa latente vontade de guerrear? Uma animosidade que leva ao isolamento? Por quê? Os mitos podem sugerir explicações.

A autora Cléo Martins, filha de Oiá-Iansã e Agbeni Xangô, no Ilê Axé Opô Afonjá, minha irmã de Axé e, comigo e Roberval Marinho, realizadora do Alayandê Xirê – Festival Internacional de Alabês, Xicarangomas e Huntós –, torna-se cada vez mais estudiosa e conhecedora dos mistérios, mitos e trajetória histórica do candomblé. Advogada militante na sua vida civil, traz para os livros que escreve, a exemplo deste, a experiência do detalhamento e das explicações em apostos. Por essa familiaridade com o assunto e com as palavras, pode dar-nos uma aula sobre candomblé. Pode abrir um parêntese e ensinar como fazer o melhor acarajé, que é a principal iguaria para o paladar quente de Oiá.

Parabéns à autora, que de novo nos presenteia com palavras que nos fazem transcender e ampliam nosso conhecimento.

Eparrei!
Cabiecí!

Ana Rúbia de Melo, Ialadê,
Oni Iemanjá, - equede de Oxalá.
Salvador

Apresentação

Guerreira da paz em um mundo de dor

"*Grandes coisas e mistérios deve haver nestas palavras, pois dizem coisas de tanto valor (que me têm dito letrados, rogando-lhes eu que me declarem o que o Espírito Divino quer dizer (...). Demasiada soberba parecerá, pois, querer-vos eu declarar alguma coisa. E não é meu intento, por pouco humilde que seja, pensar que atinarei com a verdade*".

(Teresa de Jesus, na Introdução à Meditação sobre os Cantares)[1]

Cléo, querida irmã e companheira de caminho,

Saboreei seu livro, como quem sorve até o fim a última colherinha de um pudim de leite ou de um doce de coco baiano, em doses lentas, para que o prazer da degustação se prolongue. Viajei com você e

---

[1] SANTA TEREZA DE JESUS, **Obras Completas**, Coimbra, Ed. Carmelo Aveiro, 1978, p. 582.

com o povo de Obá pelo rio caudaloso da busca interior e de nossas raízes comuns. Desejei possuir, ou melhor, me transformar na "Joia rara" da vida, ofertada para obter o segredo da pacificação das águas e dos caminhos. Como dizia o mestre Dom Hélder Câmara que me formou:

> "Minhas ruas,
> como minhas estradas
> não têm margens
> como não têm começo
> nem fim..."[2]

Em paragens assim, vastas campinas e montanhas escarpadas, sem fronteiras nem mapas turísticos, nos encontramos nós dois, viajeiros impacientes, correndo juntos, para responder a um apelo misterioso que nos jogou na mesma encruzilhada. Caminheiros do Espírito, percorremos juntos um caminho ousado de integração espiritual e de en-

---

[2] D. HÉLDER Câmara, **Mil razões para viver,** Rio de Janeiro, Civilização Brasileira, 1978, p. 21.

contro nas fronteiras espirituais e religiosas que margeamos, respeitando cada uma. Na alta colina, vimos e nos deliciamos com as paisagens próprias de cada universo religioso, nos sentimos apaixonados por ambos os países, embora cada um oriundo de um, nos situamos de pés descalços como em terra sagrada no ponto de encontro entre elas. Ali, cada religião é venerada e cada tradição fielmente observada. Mas, fomos além, corremos em busca de uma fonte escondida mais no íntimo espaço comum a todas e, de formas diferentes, próprio a cada uma.

Nossas histórias pessoais se cruzaram nessas paragens arriscadas da liberdade. Com a compreensão, a sabedoria elevada e as bênçãos da querida Mãe Stella, dialogamos e demos atrevidos passos de comunhão e compromisso. Hoje, contemplo em você a construção maravilhosa de uma síntese de milênios, como se você tivesse, ao mesmo tempo, a idade do primeiro encontro, desafiador e terrível, da sabedoria mística dos filhos e filhas de Obá com a cultura dos dominadores e, ao mesmo tempo, o viço primaveril deste livro, novo e renovador, como a chuva gostosa que cai sobre esta terra seca e sedenta.

Comecei a ler "Obá, a amazona belicosa" com misto de encanto e sofrimento. Vinha da leitura diária dos jornais que me traziam notícias de mais um carro-bomba explodindo em um mercado no centro de Jerusalém e novos atentados em Barcelona e Madri, com dezenas de vítimas. E embora não estejam nas manchetes de hoje, estremeço de dor com o genocídio que a fome, doenças e guerras provocam no coração da Mãe-África.

Migro dessas notícias para as páginas do seu livro e imagino a pergunta de algum leitor: "Mais uma divindade guerreira quando precisamos de paz? Como receber um espírito belicoso para uma terra carente de trégua?"

Quem ler seu escrito com a profundidade com a qual você o vive e transmite, compreenderá: a paz não se fará sem a justiça feita aos que foram colocados à margem da vida e não significa a tranquilidade morna dos covardes. A mulher abandonada e sofrida, à qual nada mais resta senão sua energia de resistência, é uma manifestação (um orixá) da providência divina e da guarda da família. Com você, aprendi a admirar essas manifestações divinas misteriosas e inefáveis que nenhuma palavra pode descrever, nem rito humano conter. Algumas histórias aprendi e muitas tenho de percorrer. Do mistério único de Deus, acredito que brotam todas essas forças e energias divinas, múltiplas e tão diversificadas. Seu livro me fez sentir apaixonado por Obá, como Xangô não cedeu aos seus encantos. E ela revive em mim o apelo exigente do combate interior. Tive a impressão de decifrar em seus traços muito da atual energia feminista que pede vez e voz neste mundo machista. Senti no seu grito de guerra a necessária guerra pacífica contra a injustiça estrutural deste mundo. Um combate, em primeiro lugar, interior e místico que cada pessoa é chamada a viver, caminho de rupturas e de conversão pessoal, para corresponder ao Reino. Como disse Jesus: "Agora, o Reino sofre violência e são as pessoas violentas que o arrebatam"(Mt 11, 13). Além disso, sem batalhas cruentas, há a luta por uma mais verdadeira e profunda revolução cultural, na qual a identidade das pessoas e da raça é resgatada e valorizada. A tradição de Obá preserva e transmite às gerações futuras o sangue forte e valente dessa cultura ancestral a ser hoje protegida e revivida. O seu livro é instrumento fecundo e admirável deste combate incessante. Deus a abençoe, amazona belicosa.

Eparrei!
Cabiecí!
Oba xi, ô!

Marcelo Barros

(Monge beneditino, teólogo e escritor. Tem 25 livros escritos. Sobre a relação entre cristianismo e religião afro-brasileira, escreveu o romance: "A Secreta Magia do Caminho", Rio de Janeiro: Record, 1997, Nova Era).

Introdução

Esta nossa pequena obra, *Obá, a amazona belicosa,* é mais um livro da *Coleção Orixás,* publicada pela Pallas.

Escrever sobre o Orixá Obá é um grande desafio, tendo em vista a escassez crescente de mitos, cultores e devotos dessa guerreira, nos tempos atuais. Mas numa coleção sobre os orixás, a presença dessa *aiabá* é necessária.

Aiabá, em língua iorubá, quer dizer rainha, denominação atribuída a todos os orixás femininos e filhos e filhas de orixás mulheres. Os orixás masculinos são chamados de orixás *ocunrim* (homem, em iorubá) ou *aboró,* nomenclatura também utilizada para seus filhos e filhas.

Há algumas décadas, muitos ignoravam a riqueza da cultura afrodescendente, vista sob olhos preconceituosos e superiores. Hoje em dia, os orixás são conhecidos (ou ao menos mencionados) do Oiapoque ao Chuí, o que muito se deve à saudosa Mãe Menininha do Gantois, cuja fama crescente, a partir da década de 1960, se espalhou por todo o país.

♦ OBÁ ♦

Não existe brasileiro com mais de 30 anos que jamais tenha *ouvido falar* na veneranda filha de Oxum, orixá do ouro e beleza, ou deixado de ouvir a música de Caymmi, em sua homenagem.

Muitos leitores sabem que os orixás são as divindades do povo iorubá, de capital importância para o mundo religioso afro-americano.

O povo iorubá é encontrado na chamada África Ocidental, entre Badagri, a oeste, e o rio Benin, a leste.

Seus principais reinados estão na Nigéria e em parte do antigo Daomé, atual República do Benin, terra encantadora que tivemos a felicidade de visitar em 1993, na companhia sábia de Mãe Stella, Obá Cacanfô e Pierre Verger, quando da realização do *Festival de Vodum de Uidá,* a cidade sagrada do Benin, país que muito nos cativou por sua gente amável, em especial os *agudás,* que são os descendentes dos "retornados do Brasil", após a abolição da escravatura. Os agudás, assim chamados pelos nativos, consideram-se meio brasileiros e tratam os brasileiros com muito carinho. Vale a pena assistir o documentário longa metragem *Atlântico negro, rota dos orixás*, uma obra-prima emocionante, que retrata muito bem o Benin e seus costumes.

Para muitos pensadores, os orixás são deuses. Para outros, são entidades espirituais comandadas por Olórum, que é sincretizado com o Deus judaico-cristão; são espécies de santos ou anjos. Para alguns religiosos, os orixás são manifestações culturais do Criador de infinitas vozes e faces. A questão é polêmica.

Concordamos com a corrente que acredita que a religião dos orixás seja monoteísta, sendo Olórum (senhor dos céus), Olodumarê (senhor da criação), Olofim (senhor do Infinito) os componentes da *trindade incriada; o criador/ criadores de tudo o que existe.*

Muito próximos dessa trindade estão os orixás Obatalá, Odudua, Orumilá, Nanã e Iemanjá, e os seus descendentes, os orixás Exu, Ogum, Omolu, Oxóssi, Ossâim, Oxumarê, Logunedé, Xangô, Iroco, Oiá, Obá, Euá e Oxum (as divindades cultuadas na diáspora brasileira). Acreditamos que os orixás sejam expressões dessa trindade infinita, que tem infinitas maneiras de se apresentar. Eles são muito mais que os anjos ou santos de outras tradições religiosas. Obatalá e Odudua são os executores da criação, das quais os senhores absolutos são os incriados Olodumarê – Olofim – Olórum. Obatalá e Odudua são os senhores da vida no Aiê, a Terra. São os senhores do elemento branco, sendo assim chamados de "orixás funfum" (orixás do branco). Orumilá é o mestre da adivinhação; Nanã é a senhora da matéria primordial e também da morte; Iemanjá é a senhora das águas ascendentes, primeiras; ela é fonte de vida, o grande peixe-fêmea do qual todos descendemos, na condição de seus *peixes-filhos*.

Há quem diferencie os orixás (os originais) dos *eborás* (descendentes dos primeiros), chamados de orixás-filhos.

Os orixás Exu, Ogum, Omolu, Oxóssi e Ossâim estão intimamente identificados com o elemento terra; Iemanjá, Oxum, Nanã, Oxumarê, Euá, Obá e Logunedé, com o elemento água; Xangô, com o elemento fogo; e Oiá e Obatalá, com o elemento ar. Contudo, Exu e Oiá também se identificam com o fogo, Nanã com a terra, Iroco, Euá e Obá com o ar e também com a terra.

• OBÁ •

Para o povo de orixá o sagrado é vivido no cotidiano, no aqui e agora, e o aqui e agora significa *nesta vida*. É nela que procuramos atingir a plena felicidade. – *Carpe diem!*

A iniciação de um olorixá – filho de orixá – leva no mínimo sete anos, com complementações da primeira etapa no terceiro e sétimo anos. Ordinariamente, a primeira fase da iniciação dura 16 dias de reclusão absoluta, para a maioria dos orixás (com exceção de Obaluaiê, que leva 14 dias e Xangô, 12 dias), e meses de preceitos, isto é, de observâncias de regras e restrições de caracteres religiosos. A segunda fase dura três dias e a derradeira – chamada obrigação de sete anos –, sete dias (exceto para os filhos de Xangô, cuja iniciação se completa no decurso de seis anos). Após o último período, o olorixá, o qual era chamado de *iaô*, passa a ser conhecido por *ebâmi*, ou *ebome*, do original *'gbon' mi* em iorubá, que quer dizer, "meu irmão mais velho". Os *ebâmis* – sacerdotes e sacerdotisas dos orixás para os quais foram iniciados – compõem toda a complexa hierarquia das comunidades-terreiros.

Os terreiros mais antigos de culto aos orixás são a *Casa Branca do Engenho Velho* e seus descendentes (Gantois e Opô Afonjá) e o *Alaketu* (Maroalaje), todos situados na cidade do Salvador da Bahia, cuja cultura também teve uma forte influência dos povos jeje e angola. Para o povo jeje, as divindades são chamadas de voduns. Para os angola-conguenses, os bantos, elas são denominadas inquices.

Podemos diferenciar, no Brasil, três categorias principais de jeje (também conhecidos por *fons*) que são os *mahis*, os *savalus* e os *minas*.

O culto às divindades jeje-mahi predominou em Salvador e no recôncavo baiano, a exemplo de Cachoeira e Muritiba, terra de gente bamba, poderosa, das "mulheres do partido alto"!

O principal terreiro jeje-mahi da Bahia é o *Bogum*, cujo nome é *Zogodô Bogum Malê Rundó*. Destacou-se o terreiro *savalu Corcunda de Iaiá*, (em Salvador) hoje em dia praticamente desativado, que tinha um culto ao orixá Nanã muito especial – e, no Maranhão, a *Casa das Minas – Querebetã de Zomadonu –* como o principal terreiro da tradição jeje-mina do Brasil.

Os principais voduns cultuados pelos mahis são Bessen, Sobô, Badé, Kpó, Loco, Aziri, Gú, Aganga-Tolú, Sàpáta, Lissa, dentre muitos outros. Os minas cultuam divindades ligadas às famílias reais do antigo Daomé, divididas em grupos de voduns, que são os voduns da família de *Davice,* os voduns reais, dos quais se destacam Zomadonu, Nochê Naé (a grande mãe), Acoicinacaba e Arronoviçavá; os voduns da família de *Savalunu,* família de muitos *voduns toquens* (jovenzinhos); os voduns da família de *Dambirá*, da qual citamos Acossi, Sàpáta, Azili, Azonce e os voduns da família de *Keviossô,* que é considerada a família estrangeira, pelas demais. Fazem parte desta família, entre outros, os voduns Nanã, Nochê Sobô, Badé, Lissa, Averequete e Eoá.

Os bantos cultuam divindades denominadas de inquices, cujos principais são *Mavambo, Incossi, Mutuculambô, Insumbo, Tempo de Abanganga, Catendê, Gongobira, Inzazi, Lembarenganga, Jamafurama, Quissímbi, Caiaris(Caiá), Bamburucenavula, Quissanga, Incodiamambo, Zumbá.*

Os terreiros soteropolitanos *Bate-Folha – Mansu Banduquenqué*, comunidade religiosa sita no Bairro da Mata Escura (recentemente tombado pelo Iphan) – e *Tumba Junçara*, terreiro localizado na Vila América, que são descendentes do terreiro *Atombenci*, fundado nos fins do século XIX pela Nengua Maria Neném, são grandes centros culturais das tradições congo-angola.

Não percam as festas de *Tempo* e *Bamburucena* do *Bate-Folha* que são realizadas nos dias 10 de agosto e 4 de dezembro de todos os anos, nem as festividades dedicadas a *Jamafurama* e *Lembarenganga* no Tumba Junçara.

A *Casa Branca*, sita na Avenida Vasco da Gama – Rio Vermelho de Baixo –, inicia seu calendário de festas no último domingo de agosto com a cerimônia das *Águas de Oxalá*, e o Gantois (localizado na Federação) e o Opô Afonjá (sito em São Gonçalo do Retiro) começam suas festividades no último domingo de setembro, também com a celebração das Águas.

No Axé Opô Afonjá, todo o mês de outubro (sem interrupções) e parte de novembro são dedicados à festa de orixás. A última celebração pública é o *Ipeté de Oxum*, no mês de novembro, uma cerimônia bastante diferente das que se realizam nas casas irmãs. Nos outros terreiros, existe uma única panela de ipeté (uma iguaria do orixá Oxum, preparada com inhame, camarão seco e dendê) que é apresentada no barracão de festas sobre as cabeças de todas as filhas de Oxum manifestadas com seus orixás, uma de cada vez, em ordem hierárquica; ao passo que no *Afonjá* cada *Oxum* carrega uma quantidade de ipeté em balaios individuais, em procissão pelo terreiro, sendo acompanhadas pelas oloiás, as filhas de Iansã, com seus tabuleiros que contêm acarajés, abarás e acassás.

Não deixem de participar das festas do *Pilão de Oxoguiã, de Ogum*, do *Acarajé de Iansã* e do *Barco de Oxum* na Casa Branca; de todas as festas de Xangô (em especial das festas do *ajerê, (amasse e ojaabalá),* do Opô Afonjá e das festas das *Quartinhas de Oxóssi* e Nanã, no Gantois.

No terreiro jeje do Bogum é maravilhoso o mês de janeiro, totalmente dedicado aos voduns. Esse templo ficou de luto, sem que fosse apontada uma nova *Doné*, desde o falecimento de Mãe Nicinha de Loco, em 1994, até 2003, quando o cargo foi dado a Mãe Índia.

A religião dos orixás não é uma religião proselitista. Para ser um sacerdote ou sacerdotisa de um determinado orixá, é preciso, antes de tudo, que a divindade tome a iniciativa da escolha, *chamando o neófito ao sacerdócio*. Esta vocação é composta de sinais, discernimentos, reconhecimentos. É um processo complexo e importante, a exemplo das demais religiões. Não há a mínima diferença. *Vocação é sempre vocação e a divindade não erra. Nós é que nos precipitamos, algumas vezes, na leitura dos sinais. A iniciação de alguém, sem a verdadeira vocação, sempre termina em tristeza e amargura.* É necessário que o discernimento vocacional seja feito por pessoas experientes e sábias. E a escolha da comunidade religiosa à qual o candidato pertencerá é algo que deve ser pensado e repensado, sem precipitações. Muitas vezes a vocação existe, é sincera, *mas não para "aquela" família de santo* – nome que se dá a todos os membros de uma mesma tradição religiosa, considerando-se *ancestralidade espiritual*, em primeiro lugar. Por isso tudo, é muito importante a convivência do neófito com a comunidade – e desta com aquele – por um bom período de tempo, antes da iniciação.

Ninguém entra num templo de culto aos orixás e pede para ser iniciado, pois isso não depende da vontade deste alguém, o que não impede que qualquer pessoa seja adepta da religião dos orixás. Assim como existe o *chamado espiritual* para o sacerdócio, também existe para o sumo-sacerdócio de uma comunidade: a escolha de um babalorixá e ialorixá pressupõe a vocação, em especial quando se trata de sucessão pelo falecimento do *pai ou mãe do terreiro*. O babalorixá/ ialorixá deverá ser uma pessoa dotada de liderança e tino administrativo, além de conhecedora profunda de sua religião e dos costumes da casa que lidera.

Traçamos esses lineamentos sobre a religião dos orixás, porque eles ajudarão o leitor a compreender melhor alguns conceitos contidos nas páginas deste livro. Escrevemos as palavras iorubás *conforme seu som em língua pátria,* para o leitor poder saborear a musicalidade que têm. Não temos a intenção de apresentar um trabalho acadêmico, mas apenas de partilhar nossa experiência do dia a dia nos terreiros.

Desfrutem da companhia de Obá, esta dama fascinante e destemida, que é a própria guerra. Sentem-se confortavelmente. Tirem os sapatos. Tomem um gole da bebida de que vocês gostem, porque não é pecado. Sintam-se acolhidos e livres e deixem que o amor pelo *povo de santo* e sua cultura, que tanto contribuiu e contribui para a formação de nossa identidade, invada suas casas.

Axé.

• **OBÁ** •

1 | OBÁ, A AMAZONA BELICOSA

Obá é a amazona padroeira da guerra, o orixá feminino do odô (rio) Obá, na Nigéria, país onde existem rios dedicados aos cultos de importantes aiabás, onde os devotos colocam oferendas e são realizados rituais: *odô* Euá, *odô* Oxum, *odô* Oiá, *odô* Ogum, local onde se prestam homenagens a Iemanjá, que é a mãe de Ogum, o orixá masculino da guerra, na mitologia iorubá.

Obá é a mais velha dentre as esposas importantes de Xangô. Na mitologia, sua idade é motivo de zombaria das demais mulheres do rei de Oió, senhor do fogo e do poder em exercício, orixá que divide com Odé a importância de culto nos terreiros da tradição Iá Nassô, que são a Casa Branca do Engenho Velho (Ilê Axé Iá Nassô Oká Bamboxê Obitikô), o Gantois (Ilê Omin Axé Iamassê) e o Axé Opô Afonjá, também chamado de o *candomblé de São Gonçalo*.

Na religião dos orixás, as divindades africanas são saudadas, por seus filhos e devotos, com frases e sons particulares, em sinal de reverência. A saudação de Obá, para que se caia nas boas graças da senhora da guerra, é "Obá xi", "Obá xilê" *ou* "Obá xirê" e, ainda, "Oosa, oosa Obá!", o cumprimento preferido na "iorubaland". Estas saudações têm significados diferentes: *Obá é da casa e vem brincar* (Obá xilê, Obá xirê) e *Obá é da guerra* (Oosa, oosa Obá!).

Obá é forte, destemida e dotada de um temperamento apaixonado e irascível. Pode-se dizer que seja a aiabá de gênio mais difícil, muito mais difícil que o de suas irmãs Euá, *a tigresa casta*, e Oiá, *a senhora dos ventos e tempestades*; todas temperamentais, poderosas e destemidas. Obá tem o dom de se disfarçar e, de acordo com o humor do momento, ou assume a aparência de uma mulher idosa, ranzinza e implicante, ou o aspecto de uma amazona guerreira, destemida e belicosa.

Obá não é nem um pouco vaidosa. Ela não liga para a própria aparência. Na verdade despreza futilidades e coisas supérfluas.

Não se enganem com Obá. Ela nada tem de senil e débil, como pensam alguns desavisados. Obá

• OBÁ •

é a líder de uma importante maçonaria de mulheres guerreiras, a *sociedade Elecô*. Ela é uma feiticeira poderosíssima e implacável, de vontade férrea e determinada, uma amazona justa e combativa, muito apaixonada pelo marido e ciumentíssima da preferência que Xangô demonstra pela companhia das outras duas principais esposas - sua irmã Oiá e a bela Oxum –, mais jovens que Obá e dotadas de beleza e vaidade, atributos que a belicosa despreza. Para ela, a jovem Oiá não tem juízo e *a odiosa* Oxum é a mais frívola das rainhas.

2 | As mulheres do rei Xangô

Não se tem uma ideia precisa da quantidade de mulheres de Xangô. Há versões que atribuem a ele 16 esposas. Outras variantes da mitologia contam mais de duzentas rainhas para o senhor do fogo. Todos os mitos dizem que as esposas mais importantes são Oiá-Iansã, Oxum e Obá.

Para o povo iorubá, cuja cultura não é contrária à poligamia, o número de mulheres determina a riqueza do marido, já que este tem de alimentá-las, e a seus filhos, todos criados na mesma casa. A esposa mais importante, chamada de *ialê* pelas demais, é a que se casou primeiro. Ela é considerada, por todos, a dona da casa. A ialê dá ordens às outras, determina as tarefas do lar, influencia na educação de todos os filhos do marido, e os filhos de todas as esposas a consideram a *mãe mais velha*. A senioridade é muito importante nas culturas antigas.

A maioria dos mitos atribuídos ao senhor do fogo confere a Obá a condição de ialê. Só que, na verdade, a preferência pelas atenções do marido é disputada entre Oxum e Oiá, sendo esta última a verdadeira *cara-metade de Xangô*. É muito parecida com Xangô, uma cópia feminina do senhor do trovão. Sou adepta da corrente que considera Obá a primeira esposa do elegante Xangô, *que para atrair as mulheres trança os cabelos e usa argolas de ouro, nas orelhas bem feitas*. Até porque Obá é a mais idosa, entre todas as outras mulheres, e os mitos contam que Xangô se casou, ainda bastante jovem, com a chefe da sociedade Elecô. Oiá-Iansã é a esposa mais jovem *que com ele guerreia e detém o poder sobre o fogo* (ela come fogo com Xangô). É a companheira de lutas e conquistas, de causas e dissabores. Segundo a mitologia iorubá, Oiá foi a única mulher desse rei que o acompanhou até o fim de seus dias, ao passo que as demais debandaram, deixando Xangô na companhia da fidelíssima esposa mais jovem. Conta o mito que Xangô enviou a poderosa guerreira a terras estrangeiras, a fim de que ela obtivesse um preparado mágico capaz de produzir fogo, advertindo-a para que não ingerisse a bebida, o que Oiá ignorou, bebendo parte do líquido mágico que deveria entregar ao marido. Resultado: passou a botar fogo pela boca e Xangô teve que se conformar com o destino; sem Oiá-Iansã, Xangô não produz nem uma faisquinha...

O mais importante mito de Oiá diz que ela tinha o poder de se transformar em um búfalo fêmea. Este segredo foi descoberto pelo Onirê (Ogum) que a seguia pela feira e viu quando a bela jovem se transformou em búfalo e vice-versa. De posse da pele do búfalo, que ela tirara para tomar banho num regato perto do mercado, Ogum, apaixonado, conseguiu convencer Oiá a se casar com ele, o que não foi nada difícil, porque ela também se apaixonara pelo belo Ogum. Outro mito, menos conhecido no Brasil, conta que Oiá tinha o dom de se transformar em uma cabra, tendo sido flagrada pelo enamorado Xangô no ato da metamorfose, quando ela tomava banho numa cachoeira e tirara a pele de cabra perante seus olhos espantados. O rei Xangô, que estava caído de paixão pela bela jovem estrangeira e a seguia pela feira o tempo todo, levou-a para casa e a desposou, para o desgosto de Obá e Oxum, *duas ferozes rivais de Iansã*. Todos os mitos de Xangô referem-se a Oiá-Iansã e, em menor intensidade, a Oxum e Obá.

Oxum, a senhora das águas doces, é a aiabá da beleza, da fertilidade, da feminilidade e do charme. Dona de uma elegância e de uma astúcia surpreendentes (qualidades herdadas por suas filhas, as *oloxuns*), ela tem Xangô em sua mão, fazendo mais suaves e doces os dias do rei de Oió, divertindo-o e minimizando suas muitas preocupações. Xangô adora estar com Oxum – o seu oposto –, preferindo a companhia da dama das águas doces nas horas de lazer e descanso.

Obá é a senhora da guerra, a amazona destemida, uma sábia e justa feiticeira. Xangô desdenha Obá porque ela é idosa e sem atrativos, mas morre de medo dela, do poder enorme que dela emana.

A escritora Zora Seljan, filha de Xangô, *oloiê* do Opô Afonjá desde o tempo de Mãe Senhora (que foi uma das mais notáveis ialorixás da Bahia), é a autora da peça teatral *"As três mulheres de Xangô"*, na qual transmite uma ideia firme do temperamento das rainhas. A escritora (falecida em 2006) conhecia profundamente a cultura iorubá, pois, na condição de esposa do diplomata Antonio Olinto, que foi Adido

Cultural do Brasil na Nigéria, residiu na "iorubaland" por alguns anos, no início da década de 1960.

Olinto é o autor de *A casa da água,* uma das obras-primas da literatura nacional, que o imortalizou com o ingresso na Academia Brasileira de Letras. A obra conta a saga de Ainá (uma possível filha de Obá) e sua família retornada ao continente africano, após a abolição da escravatura. É leitura indispensável para quem gosta do que é bom e quer beber na verdadeira fonte dos costumes iorubás, retratados com poesia, experiência e sensibilidade pelo ilustre escritor mineiro (falecido em 2009), que foi o Obá Aré do Axé Opô Afonjá, para a honra da Casa de Xangô.

3 | OBÁ É A SOLUCIONADORA DAS CAUSAS IMPOSSÍVEIS

Obá desconhece o medo e não existem empecilhos que a desviem de suas finalidades. Ela é prática, objetiva, poderosa, leal e corretíssima. Todo aquele que tiver uma questão judicial de difícil deslinde em fase de apelação – isto é, se tiver perdido e necessitar recorrer para a instância superior – deverá pedir ajuda a Obá, pois ela é a solucionadora das causas impossíveis e complicadas. Mas existe um importante lembrete: ela só ajuda os injustiçados. Se a decisão contrária for correta, não adianta apelar para os favores de Obá, que o *tiro sai pela culatra*. Ela não suporta *a litigância de má-fé*. Por isso, é considerada a padroeira dos advogados que patrocinam ou defendem causas justas, dos promotores e dos magistrados que distribuem justiça, porque detesta mentirosos e vigaristas. Quem quiser incidir na ira cega de Obá, dê um falso testemunho. Ela abomina todo tipo de perjúrio. Os perjuros pagam caro...

Obá ajuda as pessoas a recuperarem objetos perdidos e toma sob a sua proteção toda esposa que tiver sido traída pelo marido. É também a protetora das viúvas, dos anciãos e dos órfãos pobres e desamparados.

Obá combate a maldade, não suporta *disse-me-disse* e reduz ao ridículo os mexeriqueiros, provocando situações vexatórias, tais como *calças descosturadas no traseiro, uma súbita diarreia e muitos outros casos de constrangimento.*

4 | O QUE OBÁ GOSTA DE COMER COM DELÍCIA!

A religião dos orixás é uma religião de festa e partilha de alimentos. Os antigos costumam dizer que *tudo no candomblé começa e acaba com comida*. Os alimentos são sagrados e contêm axé, e cada orixá tem sua iguaria especial, que lhe é oferecida pelos filhos e devotos.

O orixá não *come só*. Para que o orixá seja verdadeiramente obsequiado, é necessário que a oferenda tenha um caráter comunitário. Uma parte ideal da comida é colocada para o orixá. Outra parte é dividida entre os presentes à oferenda. Quantos mais participarem, tanto melhor.

Obá adora comer acarás pontudos, parecendo *quibes*, preparados com esmero e fritos na melhor flor de dendê (o óleo fino). Para quem não sabe, o acará é um bolinho leve, fofinho, feito da massa de feijão-fradinho temperado com sal e cebola e frito no *epô*, o azeite de dendê.

Os acarás devem ser colocados numa gamela redonda de madeira, com um ecó (acaçá) sobre eles.

O *ecó*, que é uma massa de milho branco cozida e enrolada na folha de bananeira, iguaria muito apreciada por Oxalá, serve para acalmar Obá. Nunca se esqueçam de colocar o acaçá frio, desenrolado da folha, sobre os acarás de Obá.

Obá come seis acarás e seis olelés. O seis é o número atribuído à senhora belicosa e também ao orixá Xangô, cujo número mais significativo é o doze.

Obá aprecia o olelé, o popular abará, que também é uma das iguarias prediletas de Oxum, e ainda gosta de comer um guisado feito com feijão-fradinho, temperado com camarão seco, cebola e refogado com azeite de dendê.

O olelé é feito da mesma massa do acará, temperada com cebola, camarão seco e azeite de dendê. Depois da massa pronta, o abará é enrolado na folha de bananeira para cozinhar no vapor.

O acará, que é traduzido como pão, em português, é o nome tradicional do acarajé, junção de *acará* mais *onge* (comer, em iorubá), que é a iguaria mais popular da Bahia e também é a favorita de Oiá-Iansã, a senhora do acarajé, juntamente com Obá. É a Obá e a

• OBÁ •

Oiá-Iansã que são consagradas todas as vendedoras de acarajé, essas mulheres trabalhadoras que dão um duro danado e sobrevivem da venda da maravilhosa guloseima que levou a Bahia para o mundo inteiro. *As baianas do acarajé* são cantadas em prosa e verso por Caymmi, Carmem Miranda, Caetano, Gil; habitam os escritos de Jorge Amado e as telas de Carybé.

Mesmo que não saibam e não queiram, *as baianas de tabuleiro* são consagradas ao orixá. Nos tempos atuais, infelizmente, algumas vendedoras de acarajé são adeptas de religiões fundamentalistas fanáticas, tão distantes dos verdadeiros ensinamentos de Jesus de Nazaré sobre o amor de Deus, que chegam à ousadia de colocar nos seus tabuleiros a estranha frase *acarajé de cristão*, como se isso fosse importante e o acarajé deixasse de ser comida de origem africana.

Não faz mal. Obá, Iansã e Jesus conhecem a natureza humana e suas limitações, e continuam amparando os pequenos na luta contra a fome.

Oiá-Iansã gosta de comer nove acarajés grandes e redondos e também não dispensa o ecó.

Na tradição religiosa afro-brasileira, os acarajés de Iansã são oferecidos num prato de louça.

Além das aiabás mencionadas, os orixás masculinos Exu, Ogum e Oxóssi também gostam muito de comer acarajés, que devem ser ofertados em pratos de barro. Ogum come sete acarajés e Oxóssi oito, também em formato de quibe, semelhantes aos de Obá, embora menores. Exu também come sete acarajés em prato de barro, só que os acarajés de Exu devem ser redondos e pequenos e são fritos no *bambá (borra) do azeite*. Exu detesta flor de dendê...

5 | Dicas para o preparo do *acarajé de Cléo*

Dorival Caymmi acertou ao dizer, em famosa canção, *que todo mundo gosta do acarajé e do abará, mas não sabe o trabalho que dá...*

E dá trabalho mesmo.

Acarajé oferecido ao orixá tem de ser bom, feito com amor. E nada melhor que acarajé quente, deste da gente botar fumaça pela boca, acabado de sair do fogo, regado a uma boa cerveja geladíssima...Ah, Que delícia!

O segredo do acarajé está na massa, na maneira como a massa é preparada e batida, e também na qualidade e quantidade do azeite de dendê e da cebola.

Para os orixás, o acarajé é feito somente com feijão-fradinho. Há baianas que usam o feijão *macaço*, que é da família do fradinho, mas de inferior qualidade. O bom acarajé tem de ser de *fradinho*.

Vamos ver como se faz acarajé de primeira.

O feijão deve ser quebrado. Na Bahia, é fácil comprar o feijão quebrado, o que não ocorre em outras localidades do Brasil. O *fradinho tem* de ser reduzido a duas metades e posto de molho por um certo tempo. Se houver uma grande quantidade de feijão, aconselha-se que *seja molhado de véspera* – colocado de molho às 22 horas, por exemplo, para ser lavado às 9 horas da manhã. Deve-se ter cuidado para que ele não inche demais. O feijão é colocado de molho para que as cascas e demais impurezas flutuem na água.

Lavar feijão é uma ciência. O ideal é que se usem duas panelas e uma boa peneira de madeira. O feijão é lavado delicadamente, sem que se esfregue muito. Após os movimentos necessários (para que as cascas subam), troca-se a água de uma panela para a outra (em especial se não houver muita água). A água só é jogada fora, quando estiver suja.

Quando as cascas tiverem sido retiradas, não é mais necessário lavar o feijão. Aí, para nós, começa a etapa mais trabalhosa, que é catar o feijão, retirando os *olhinhos pretos que* tiverem permanecido e demais impurezas. Isto é um trabalho de exercício de paciência. O feijão tem de ficar branquinho. Depois que as impurezas tiverem sido retiradas, é preciso que coloquemos o feijão limpo para secar numa peneira (ou mais de uma peneira) para depois passar no moinho. As vendedoras de acarajé, em geral, têm moinho elétrico, que é um moinho tradicional adaptado. Coloca-se nele um motor. Quem não tiver moinho elétrico, pode se preparar para suar e para mais um exercício de paciência... Já passamos muito feijão em moinhos comuns... o importante é deixar a massa alvíssima numa textura fina. Se a massa ficar grossa, o acarajé não será de qualidade.

Antigamente, a massa de feijão era feita pelo manuseio de uma pedra lisa, que também era utilizada para quebrar o feijão. A pedra "era o moinho"... Era preciso muito molejo no ombro e destreza nas mãos. O Gantois ainda usa, em nossos dias, a famigerada pedra de quebrar e passar feijão no dia da festa do Orixá Dadá, que é o padroeiro de Álvaro Millet, filho da finada Mãe Cleuza de Nanã.

Já temos a massa. Ela é fina, alva e cheirosa. Agora começa a parte que requer maior perícia, que é o preparo do acarajé.

Detestamos a expressão "fritar acarajé", como se fosse tão simples como fritar pastel, ou um ovo. Acarajé não se frita. Acarajé se faz. A pior parte é isso: fazer acarajé. Toda a ciência começa agora.

Antes de mais nada, é preciso uma panela tipo caldeirão, uma boa colher grande de madeira (quanto maior, melhor) e amor pelo que está sendo feito. Acarajé é muito sensível. Se a massa for batida de qualquer jeito, desanda. Todo o tempo e dinheiro são jogados fora.

Vamos precisar de cebolas. Tomem cuidado com a escolha das cebolas. As cebolas têm de ser brancas, novas, perfumadas. Não se metam a fazer acarajé com cebolas roxas, que a massa não fica tão leve, como se almeja.

Temos de passar uma quantidade de cebolas no liqüidificador com água. Se a massa estiver seca é necessário que as cebolas sejam batidas com mais água, caso contrário recomenda-se pouca água, porque as cebolas soltam muito líquido.

Recomendamos que se bata a massa em quantidades menores (e não tudo de uma vez).

• OBÁ •

Pegamos uma quantidade de massa, colocamos na panela e damos uma ligeira batida com a colher de madeira. Adicionamos uma quantidade de cebola e sal fino, de boa qualidade. Provamos o gosto do sal. É melhor colocar menos sal e adicionar aos poucos, para que um desastre não ocorra. Começamos a bater a massa com vontade, da maneira como se bate um pão de ló. A massa tem de crescer, ficar solta, leve.

Vamos começar a fritar os acarajés.

Precisamos de uma frigideira funda, tipo bacia, que tenha capacidade para uma boa quantidade de azeite de dendê.

O azeite de dendê tem de ser do melhor. Tem de ser azeite puro. Cuidado com azeite falso, misturado! Se acontecer de o dendê começar a espumar, o que é uma lástima e às vezes ocorre, tentem colocar umas gotinhas de limão na frigideira. Mas o ideal é escolher dendê do melhor, ou desistir da iguaria de primeira.

Para que o acarajé fique ótimo, é necessário um litro de dendê, por quilo de feijão. O acarajé precisa flutuar no dendê fervendo. Colocamos a quantidade de dendê num fogo inicialmente médio para alto, com uma cebola com casca (lavada) dentro da frigideira. A cebola além de "nos avisar" a hora em que o dendê está no ponto, vai dar um gosto bom no azeite.

O dendê está no ponto quando "começa a chiar"... Colocamos, aos poucos, os bolinhos, "que devem dar uma cambalhota no azeite e flutuar". Para isso, costumamos utilizar uma colher de metal e um pouco de água, num recipiente, para ajudar na textura da massa. Com a colher de metal (que dará o tamanho e forma ao acará), retiramos alguma quantidade de massa que está na colher de madeira. Com frequência, temos necessidade de molhar a colher de metal no recipiente com água (que deverá conter um pouco de água de cebola). Devemos controlar a fritura dos acarajés, para que não fiquem crus. O ideal é deixar o bolinho ficar crocante. Para isso, é preciso que deixemos fritar um pouquinho mais, para que o acará fique um tantinho, de nada, mais escuro.

Devemos separar uma peneira forrada com papel absorvente para sugar a gordura. O acarajé está pronto e sequinho... Se as dicas forem seguidas à risca, preparem-se para uma coisa: muitos amigos serão atraídos pelo cheiro do dendê e dirão que o seu acarajé é o melhor do mundo... Isso sempre acontece. Dizem que o acarajé de Cléo é maravilhoso... um dos melhores da Bahia! Axé.

6 | OBÁ É DA "ÁGUA BARULHENTA", DO AR E TAMBÉM DA TERRA E DO FOGO

Obá gosta muito de receber oferendas de suas iguarias e presentes prediletos, que são acarajés, abarás, flores, objetos de cobre, pimenta-da-costa, obis, orobôs, azeite de dendê, mel e *ojás vermelhos* – tiras de tecido que poderão ser usados como turbantes, ou como laços.

Tudo deve ser muito simples e sem exageros.

Quem quiser presentear a senhora da guerra em seu local favorito, tem de se dirigir ao encontro das águas do rio com o mar, no dia em que se verificar, nada mais, nada menos, que o fenômeno da pororoca!

Não existe melhor lugar para essa dama belicosa ser homenageada.... Ela vive na pororoca!

Como não é fácil tal empreitada e nem todos são surfistas que conseguem enfrentar a enorme onda ruidosa, Obá aceita receber oferendas na beira de ribeirões límpidos que tenham bastante seixos, cujas águas emitam sons.

Monteiro Lobato, em *Reinações de Narizinho*, de sua autoria, chamava as águas do ribeirão do *Picapau Amarelo*, o famoso sítio de Dona Benta, de *águas mexeriqueiras*. Os sons das águas do ribeirão pareciam comentários animados e intrometidos sobre um assunto interessante.

Obá também gosta de pedreiras. A pedreira é o local predileto de Xangô e quem quiser cair nas graças de Obá, deve, também, na mesma ocasião, oferecer a Xangô sua iguaria predileta, o amalá, que é um guisado feito de quiabos refogados com cebola, camarão seco e pimenta. Obá gosta de comer na companhia de Xangô.

No Gantois, Obá é cultuada às terças-feiras, junto com Euá e Iroco. Há templos que homenageiam a senhora da guerra às quartas-feiras, dia dedicado a Xangô e Iansã, e alguns poucos, às segundas-feiras.

Há um procedimento a ser cumprido para que a oferenda seja aceita por Obá. O devoto deverá levantar-se bem cedinho, fazer a ablução ritual tomando um banho de folhas de seu orixá, *despachar a porta* antes de sair, isto é, deve jogar três quantidades de água limpa do lado de fora da porta (uma no meio, uma à esquerda, outra à direita) e, em silêncio, dirigir-se ao local onde fará a oferenda a Obá. Caso não possa ir de manhã após o alvorecer, poderá dar seu presente à dama belicosa quando o sol "já estiver frio, no ocaso". Recomenda-se que o ofertante vá só e que ponha no pescoço uma conta de Xangô.

Obá é uma *aiabá* da água, que tem forte ligação com o elemento ar, dada a sua liderança junto às entidades espirituais femininas que andam nos ares. Afinal, os espíritos são "sopros, ventos". É ligada à terra, porque se esconde nas florestas, e ao fogo, porque este é o elemento mais poderoso da natureza, fortemente relacionado com coisas de magia, especialidade de Obá.

7 | OBÁ, A SENHORA DO VERMELHO

As cores são muito significativas na religião dos orixás. Elas estão intimamente ligadas à Natureza (matas, rios, céu, árvores, fogo, terra, animais) e ao temperamento das divindades.

Para mostrar a importância das cores na tradição dos orixás, compusemos *Segura a tela*, em parceria com Edil Pacheco, como parte da trilha sonora do documentário *Cidade das Mulheres*. A canção, na voz singular de Elza Soares, filha de Iansã, dá uma ideia do liame cor-orixá-natureza. Transcrevemos os versos:

> *Segura a tela, meu bem, e vem comigo pintar*
> *o Axé Opô Afonjá.*
> *Usa as cores de Dã-Oxumarê, Euá vai misturar os*
> *tons, você vai ver.*
> *O verde de Ossâim e Ogum, no pincel,*
> *a Odé pede azul do céu.*
> *O fogo de Xangô e Oiá,*
> *vermelho alegria, vento a bailar.*
> *Segura a tela, meu bem, e vem comigo pintar*

o Axé Opô Afonjá.
Fonte de Oxum, procissões de Oxalá,
Iamassê a desfilar.
Omolu vai chegar, Nanã abençoar,
Iemanjá é a água do mar.
Segura a tela, meu bem, e vem comigo pintar,
o Axé Opô Afonjá,
E o que há.
Vida vivendo.
Festa no ar,
terra de Afonjá. (bis)

Temos três grupos de cores líderes, que são o branco, o preto e o vermelho.

Oxalá está intimamente ligado ao branco, representado pelo elemento sagrado *efum*, que é um giz vegetal, indispensável para coisas de axé. A família de Odé (Ogum, Oxóssi, Erinlé, Logunedé) é ligada ao elemento *uaji*, símbolo da cor preta, e a cor vermelha é liderada pelo *ossum*. Todos esses elementos vegetais são considerados como veículo do sagrado. O sangue do caramujo, que é o principal animal do culto de Obatalá, pertence ao grupo branco. O sangue dos mamíferos está relacionado ao grupo vermelho e o sumo das plantas, ao grupo preto.

A cor vermelha é intimamente associada à paixão, às emoções, ao movimento, à vida que é simbolizada pelo sangue dos mamíferos. O azeite de dendê, o *epô,* é um representante forte da cor vermelha, chamado de *omi pupá,* água vermelha, elemento indispensável para todos os orixás (com exceção da família de Obatalá, salvo *Odudua)* e alimento predileto das divindades *olodês,* que são Exu, Ogum e Obaluaiê, os senhores dos caminhos.

O vermelho, coloração que excita, é a cor da vida, da guerra e da violência. É a tonalidade preferida dos *olodês, os orixás de rua,* e dos guerreiros Obá, Euá, Xangô, Obaluaiê e Oiá. Em algumas tradições, a senhora do vermelho é Euá. Em outras, Oiá é a soberana desse colorido tão vivo, mas muitas tradições elegem Obá, "a belicosa", como a "dona" da cor vermelha e, ao lado de Obaluaiê, uma das principais representantes do elemento *ossum,* que, assim como o *efum* e o *uaji,* é indispensável para a pintura ritual dos iniciandos.

Os iaôs, não importa a que orixá pertençam, são marcados com os três elementos, para que não sejam reconhecidos pelos *ajés* e demais entidades malvindas, a exemplo de Icu, a morte. Como não são reconhecidos, nada de ruim lhes pode acontecer. Os iaôs levam no alto das cabeças raspadas um elemento chamado oxu (*osu*), que é preparado com a mistura de diversos elementos sagrados dos reinos animal, vegetal e mineral, ligados às cores branca, preta e vermelha. Quem leva oxu passa a ser chamado adoxú (*adosu*) ou adoxu, sinônimo de sacerdote ou sacerdotisa do orixá.

8 | As roupas e as ferramentas do orixá Obá nos terreiros

Obá tem um caráter apaixonado, irascível e corajoso, não teme nada nem ninguém e gosta de brigar. Nada mais natural que ela aprecie a cor vermelha, tão ligada às emoções fortes. Mas ela não usa essa cor viva em suas roupas (escolhida por Euá na tradição do Gantois), preferindo o vermelho-escuro (vinho) ou o amarelo claro com vermelho-escuro (ou marrom).

As contas de Obá (os colares rituais) no terreiro do Gantois, são amarelas rajadas de vermelho, iguais às atribuídas a Euá no Axé Opô Afonjá. No Gantois, as contas de Euá são vermelhas transparentes. No Opô Afonjá, os colares rituais de Obá são vinho-escuro, numa tonalidade mais fechada que as adotadas por Oiá-Iansã, cujas contas são chamadas, na Bahia, de caboclas.

Obá se veste como os demais orixás femininos, as aiabás, que usam pano da costa, *ojás* e uma saia farta, de aproximadamente seis metros de roda, sustentada por algumas anáguas brancas, entremeadas de renda, que são engomadas de forma impecável, um trabalho árduo que requer muita prática e paciência.

Obá aprecia tecidos simples, encorpados, sem brilho. Ela é um orixá guerreiro, que não gosta de futilidade. Gosta de tecidos pintados a mão, com símbolos de guerra, a exemplo de espadas e ofás. Seu pano da costa deve ser reto, com dois metros de comprimento, que é a metragem ideal, também, para o *ojá*. Mas apesar de decidida e sem grande vaidade, na nossa tradição afro-brasileira Obá não dispensa o uso de anáguas caprichadas.

A beleza da saia só é realçada se as anáguas forem engomadas corretamente. Elas devem ser muito bem lavadas, para que a goma velha seja retirada. Depois, aplica-se a goma nova (chamada de polvilho no sul do Brasil) por inteiro, de cima para baixo, colocando-se as anáguas sob o sol forte, num dia bem quente e sem vento. O vento quebra a goma... Uma vez enxutas, as anáguas são engomadas, qual seja, passadas a ferro e de preferência "a ferro a carvão", o que ainda hoje é preferido pelas lavadeiras tradicionais. O ferro a carvão resiste mais e o trabalho fica perfeito. O negócio é não queimar o pano...

A Bahia é a terra dos linhos, das rendas e das engomadeiras, a ponto de um bairro soteropolitano ser chamado de Engomadeira. Muitas mulheres afrodescendentes sustentaram a si e à prole com o dinheiro obtido na difícil e árdua tarefa de engomar. Diga-se que o gosto pelas anáguas, gomas e batas rendadas herdamo de nossos ancestrais europeus.... Cá entre nós, isso nada tem de africano, não é?

As filhas de santo dos terreiros Casa Branca e Oxumarê (também sito na Avenida Vasco da Gama em Salvador) usam anáguas engomadas com maestria e esmero. A Casa Branca, em especial, é paradigma de elegância nos trajes de baiana e em fragrâncias boas. Dá gosto ver o alvo azulado das saias e anáguas das mulheres do Engenho Velho, a exemplo de Nice de Iansã. Como ela se veste bem! No dia da festa de Oxoguiã é difícil saber qual é a baiana mais bonita e perfumada, na Casa Branca. Há um desfile de bordados *richelieu*, com os quais são confeccionados as saias, panos da costa, *ojás* e *camisús*, também conhecidos por *camisas de crioula*.

Obá não usa camisú. Nanã e Euá também não vestem camisas de crioula, o que não acontece com Oiá, Oxum e Iemanjá, que não dispensam os camisús.

Em algumas tradições afro-brasileiras, Obá se apresenta para dançar nos barracões dos terreiros de rosto descoberto, igualzinho a Oiá-Iansã e Euá. Em outras, o adê (coroa utilizada pelos orixás feminos) parece com o usado por Nanã, feito de palha da costa e enfeitado com missangas, búzios e outros adereços que cobrem o rosto.

As ferramentas de Obá são a espada, o ofá (arco e flecha), o escudo e a couraça. Essas ferramentas devem ser de cobre, o metal preferido de Obá, Oiá e Xangô. Ela segura, na mão direita, a espada e o ofá. Na esquerda, o escudo, a exemplo de Oxoguiã, o orixá guerreiro da família de Oxalá. Exeuê!

9 | A Sociedade feminina Elecô e Gueledé

A mitologia iorubá fala sobre uma sociedade feminina chamada Elecô, que é formada por guerreiras feiticeiras ambidestras que não têm os polegares. Esta maçonaria reúne as melhores *guerreiras* e *amazonas,* e é *euó* para os homens. *Aquele que se aproxima de Elecô, paga com a própria vida.* Tudo sobre a sociedade Elecô é tabu, não nos sendo permitido muitos comentários a respeito. As guerreiras, membros da sociedade, manejam quaisquer armas com a mesma destreza, quer com a mão direita, ou esquerda, valendo-se dos oito dedos, como se fossem cem.

Elas se reúnem em cavernas secretas, nas profundezas das florestas. As reuniões são feitas à noite, em grutas diferentes. Mas o que elas fazem.... não sabemos, nem queremos saber!

Obá é a grande chefe da Sociedade Elecô, é a melhor dentre todas as amazonas guerreiras. Há cânticos em sua homenagem que nos falam dessa sua condição de responsável por Elecô. *"Obá Elecô, aja ossi... Obá Elecô, aja ossi"...*

Há um mito que conta que Xangô se aproximou das guerreiras (disfarçado de mulher) e quase se deu mal... foi reconhecido e posto para correr... nu! E mesmo assim porque Obá intercedeu por ele junto às demais. As reuniões de Elecô nos lembram os *covens* das feiticeiras inglesas, proibidos para olhos curiosos em busca de emoções.

A liderança que Obá exerce sobre Elecô, a aproxima bastante da chefe das feiticeiras mulheres-pássaros, Iami Oxorongá *(iá agô),* e faz dela o principal orixá no culto de gueledés, que são ancestrais femininos que retornam ao Aiê escondidas sob enormes máscaras repletas de axé.

Tia Cantu, Cantulina Garcia Pacheco, que nasceu no dia 16 de março de 1900, Iá Ebé de São Gonçalo e Ialorixá do Axé Opô Afonjá do Rio de Janeiro, desde 1989 conduzido com muita dignidade por nossa irmã e amiga Iá Regina Lúcia de Iemanjá, participou do culto gueledé no Axé Opô Afonjá da Bahia, várias vezes. Mãe Aninha pertenceu ao culto gueledé. Tia Cantulina chegou a "passar a ferro certas roupas que eram utilizadas na liturgia de gueledé", obedecendo ordens de sua ialorixá. Isso ocorreu, ao que se lembrava a anciã, na década de 1920, ou um pouco antes. O culto não é mais praticado no terreiro. Provavelmente foi substituído pelo culto aos ancestrais masculinos *(egungum)* introduzido no Axé Opô Afonjá por Martiniano Eliseu do Bonfim, falecido nos anos de 1940. O professor Martiniano, assim chamado pela comunidade afrodescendente, porque lecionava a língua inglesa, que aprendera nos dez anos nos quais residira em Lagos, foi uma das mais importantes e fortes figuras do mundo dos terreiros baianos. Foi o primeiro presidente da União das Seitas Afro-Brasileiras da Bahia, criada na década de 1930, e mestre de muitos velhos líderes do universo religioso afro-brasileiro, a exemplo do decano do Axé Opô Afonjá, o Obá Cancanfô Antônio Albérico Santana (falecido em 2019), que também foi um sacerdote veterano do culto egungum, tal qual seu padrinho Martiniano, que foi o braço direito de Mãe Aninha na fundação do Axé Opô Afonjá e que, no culto dos ancestrais masculinos, respondia pelo nome de Ojé Ladé.

É importante ser registrado que muitos estudiosos da Faculdade de Medicina da Bahia mantinham contato com algum especialista do mundo afro, a fim de obterem informações e ingresso no mundo fascinante e desconhecido do candomblé, visto à época, pelos "cidadãos honrados", como coisa de ignorantes e facínoras, adoradores do mal. O polêmico professor e médico legista Nina Rodrigues, também da Faculdade de Medicina e do Instituto Médico Legal, sentiu-se atraído pela lendária Mãe Pulquéria do Gantois, tia e ialorixá de Mãe Menininha, a qual, já nos fins do século XIX e primeiras décadas do século XX, atraiu a atenção dos expoentes da Bahia para o seu terreiro. Martiniano Eliseu foi assessor do Prof. Nina Rodrigues no então universo novo, que se abria, do mundo afro-brasileiro.

Para quem quiser viajar no passado, recomendamos a leitura do magnífico livro *The city of women*, editado em português sob o título *A cidade das mulheres*, da antropóloga norte-americana Ruth Landes, falecida em 1991, que retrata bem a Bahia da década de 1930. Ela nos dá o perfil de figuras do mundo dos terreiros, do final dos anos 1930, a exemplo de Martiniano (já idoso), Mãe Menininha, Tia Luzia, Mãe Eugênia e Tia Jilú – as três do Engenho Velho –, e outras personalidades do candomblé. Ruth conseguiu retratar costumes de uma forma espantosa. Foi pela leitura imparcial de *Cidade das mulheres* que nos demos conta da importância de Mãe Menininha do Gantois, quando contava 43 anos de idade e já tinha um imenso prestígio como ialorixá.

Soubemos que no Engenho Velho e no Gantois também houve a prática de Gueledé, e Tia Cantu , falecida em 2004, foi a última testemunha viva desse culto aos ancestrais femininos, na Bahia.

O culto aos eguns é uma maçonaria masculina, da qual somente participam homens na condição sacerdotal. As mulheres foram excluídas do segredo *da seita de eguns,* como é popularmente chamada, embora participem da liturgia pública, composta de cânticos e danças. A única exceção é a iá agã, uma mulher consagrada ao orixá Oiá (não precisa ser filha de Oiá), em geral de idade avançada, que tem poderes de participar do *auó* (segredo) do culto.

• OBÁ •

Conta o mito, que Oiá disputava com o marido, Ogum, o primeiro lugar "em valentia", usando de astúcia para conseguir vencer.

Um belo dia, Oiá convocou todas as mulheres na tarefa de pregar uma peça no senhor da guerra. Para isso, vestiu um macaco com panos coloridos dos pés à cabeça, como se fosse um egungum, e soltou o animal no local onde Ogum ia passar. Quando o valente Ogum viu aquele mostrengo na sua frente, pulando e fazendo micagens, saiu correndo com quantas pernas tinha, para o deleite de Oiá e das companheiras de traquinagens, que estouravam de tanto rir. A façanha se repetiu por três dias, encarregando-se Oiá de espalhar o ocorrido pelos quatro ventos, a fim de desmoralizar Ogum e ficar com o título de a "mais valente".

Após três dias consecutivos de sustos, Ogum resolveu consultar Orumilá e este mandou que ele chegasse no lugar dos fatos duas horas antes do horário costumeiro e se escondesse numa moita. Cumprindo o determinado pelo senhor da adivinhação, Ogum colocou-se à espreita e viu todo o ocorrido com indignação, jurando vingança. Furioso, reuniu os homens do local e deu o troco em Oiá e nas demais mulheres, com a mesma moeda: vestiu um macaco do mesmo jeito e esperou que elas chegassem. Não deu outra: elas saíram gritando de medo e, como punição pela malícia, as mulheres foram excluídas de participar do segredo do culto dos ancestrais masculinos. Diga-se que, na maçonaria masculina *egungum*, os próprios ancestrais femininos não têm muita vez. Isso foi uma punição forte para Oiá e suas companheiras, apesar de Oiá ser considerada a rainha dos *babás*, espíritos masculinos *iluminados* de antigos sacerdotes da *tradição egungum,* que se vestem sob panos vistosos lindamente confeccionados e que os cobrem da cabeça aos pés.

O Prof. Sikuru Salami, doutorado pela Universidade de São Paulo – nigeriano de Abeokutá –, promoveu, em 1993, uma apresentação das *máscaras gueledés* na cidade de São Paulo, por ocasião de um Congresso sobre cultura e religião iorubá, do qual participei, como conferencista. Tivemos a oportunidade de assistir a uma apresentação de gueledés na África, idêntica à de São Paulo, na qual todos eram nigerianos de Abeokutá, que é a terra ancestral da saudosa Mãe Menininha.

Não se sabe da existência do culto gueledé no Brasil, na atualidade. Com certeza não é mais praticado nos templos antigos de origem iorubá. Se o é, o que não cremos que ocorra, é secreto. Tanto os cultos gueledé como egungum primam pelo sigilo absoluto.

10 | A VALENTE HIPÓLITA IORUBÁ

Vimos que Obá é uma excelente amazona e chefe suprema de um grupo de mulheres guerreiras, a sociedade Elecô, assemelhando-se, assim, com a lendária Hipólita, da mitologia grega, a rainha das amazonas esgrimistas, que era filha de Ares e Otrere e morava numa ilha habitada só por mulheres amazonas.

Conta a lenda, que Hipólita, numa empreitada bastante corajosa, foi até Atica à frente de uma expedição de amazonas para combater Teseu, um dos maiores e invencíveis heróis da Grécia antiga.

Ela enfrentou Teseu e seus companheiros, dentre os quais se destacava o poderoso Herácles (Hércules), o famoso semideus, filho da mortal Alcmena e do deus Zeus, o senhor do monte Olimpo, residência sagrada dos deuses gregos.

Hércules havia sido encarregado pelo rei Euristeu, de Micenas, instigado pela deusa Hera, a deusa da beleza (a Juno dos romanos, que tem forte semelhança com Oxum e Iemanjá), esposa de Zeus (que detestava o filho da bela Alcmena) de realizar doze trabalhos impossíveis, que fatalmente o levariam à morte, o que não aconteceu, porque o herói era protegido por Zeus e sua filha, a deusa Palas-Atena, a Oiá-Iansã da mitologia grega.

Palas, a deusa guerreira da sabedoria, era a menina dos olhos de Zeus. Ganhou o título de deusa da sabedoria, numa disputa com Poseidon, o deus dos oceanos. Zeus determinou que aquele que oferecesse o melhor presente à humanidade, receberia o título de mais sábio. Palas apresentou a oliveira, vencendo o deus dos mares, que deu o cavalo aos mortais e perdeu o título.

A oliveira é o símbolo da Grécia, país famoso pelo azeite de oliva, pela sua beleza e arte. Segundo a mitologia, as deusas Palas e Hera não se entendiam lá muito bem. Zeus amava sua mulher, a ciumentíssima deusa da beleza, mas não fazia todas as suas vontades.

Um dos doze trabalhos de Herácles era conseguir, para a desenxabida filha do rei de Micenas, o cinto de Hipólita, que era o símbolo de realeza da senhora das amazonas guerreiras. Hipólita e suas amazonas foram até Ática ao encalço de Teseu, porque este estivera com Herácles, em seu território, em busca do cinto real.

A coragem, acima de tudo, é a principal qualidade de Obá, que é amazona-feiticeira destemida, ardente de paixão e desejo por Xangô, assim como Hipólita, que, em algumas versões da lenda era extremamente valente e apaixonada por Teseu. Em algumas variações da mitologia grega, Hipólita se casa com Teseu e "são felizes para sempre". Em outras versões, Teseu teve outros amores – Ariadne, Aiglé, Antíope, Fedra – e Hipólita era solteira.

A sociedade das amazonas guerreiras, liderada pela bela Hipólita, era hostil à liderança masculina sobre as mulheres, tal qual a sociedade Elecô, que sempre se mostrou contrária à presença de homens, em seu meio. Na ilha de Hipólita e suas guerreiras, não havia membros do sexo masculino, pois as amazonas não aceitavam a submissão feminina ao sexo oposto, embora todas gostassem muito de namorar, assim como Obá. A união de Teseu e Hipólita era vista pelas amazonas com maus olhos, temerosas da submissão da mulher pelo marido. Quando Hipólita se casou com Teseu, renunciou ao título de rainha, indo viver com o herói. Obá, ao se casar com Xangô, afastou-se da Elecô, para o desgosto de suas guerreiras.

O que diferencia a bela Hipólita de Obá é a extrema beleza de Hipólita e a sua felicidade no casamento, segundo variantes da mitologia. Obá não era bela nem feliz no matrimônio conturbado com Xangô. A grande semelhança entre Hipólita e Obá centra-se na valentia e na condição de chefes de sociedades de amazonas guerreiras. Ambas são apaixonadas e ardentes.

Obá é tão valente que usa uma couraça, semelhante à utilizada pelas amazonas gregas, e somente monta a pelo. O uso de sela é sinal de fraqueza e incompetência, para a Hipólita iorubá, que atrai qualquer cavalo com um assobio e o amansa. A montaria de Obá nos lembra o caapora e o saci-pererê, da mitologia brasileira, que também montam sem selas, agarrando-se na crina do animal; o saci com o pito de barro aceso na boca e a carapuça vermelha... gaiato que nem Exu.

11 | AS MULHERES-PÁSSAROS, ODUDUA E OBÁ

Iami Oxorongá, a grande feiticeira também conhecida por Odu, esposa de Orumilá (a duras penas para ele), é a grande mãe ancestral, chamada de eleié e *ajé*: ela é a senhora do pássaro que em pássaro se transforma – o símbolo maior do poder feminino, controlado por Odudua a criadora do Universo, também conhecida por Odua, mãe de Euá, Oiá e de Obá, a belicosa.

Falar sobre Odudua, na tradição afro-brasileira, é complicado, muito polêmico. Alguns consideram a referida divindade um orixá feminino, a esposa de Oxalá, a rainha da Terra. Outros, classificam Odudua como sendo "uma qualidade" ou uma "espécie" do próprio Oxalá. Para o povo de Ilê Ifé, na Nigéria, a *Jerusalém iorubá,* Odudua é um príncipe guerreiro histórico, o pai dos iorubás.

Não queremos discorrer sobre assunto tão complexo neste pequeno livro sobre Obá, como não quisemos discutir nos livros *Iroco* e *Euá*. Entre as várias vertentes, optamos por aquela que considera Odudua a divindade feminina da criação de toda matéria, origem de vida, que existe no Aiê, a Terra; esposa de Oxalá, a metade inferior da grande cabaça que simboliza o Universo – a superior é representada por Oxalá –, mãe de Euá, Oiá-Iansã (que em alguns mitos é filha de Oxum) e Obá.

Odudua é a Senhora do Universo, o grande útero universal, com poder de comando sobre as mulheres. É uma divindade ligada aos elementos terra e ar, e o único orixá *funfum* que usa um elemento da cor preta misturado às vestes necessariamente brancas e que ingere azeite de dendê (*epô*), o pior *euó* de Oxalá. Odudua é chamada de *Aiabá,* a grande mãe, a deusa da Terra. Tem a possibilidade de conceder longa vida, sendo a responsável pela menstruação das mulheres, pela reprodução e pela fecundação.

Odudua não enxerga pelos olhos, mas por outros sentidos. Diz o mito que Oxalá arrancou seus olhos, acometido por um ataque de fúria, em virtude da constante tagarelice da mulher, que tinha voz muito estridente e desagradável. Ela não parava de falar, queixando-se da vida aos berros.

Odudua é dotada de temperamento irascível, terrível, de difícil convivência. E senhora de grande inteligência, de autoritarismo e poder de dominação pela força, sobre tudo e todos. Tem a aparência de uma mulher comum e temperamental, lasciva, muito consciente do imenso poder que tem em suas mãos.

Odudua não suporta a beleza das coisas; a saúde e a prosperidade alheias podem provocar sua ira e uma vingança implacável. Nunca se sabe como agradá-la (o que a aproxima muito das ajés); ela é imprevisível.

Dizem que a insatisfação de Odudua vem da competição eternamente mantida, por ela, com Obatalá, o senhor da vida, que é de temperamento enérgico, mas bastante equilibrado. Nos primórdios, Olórum concedeu a Odudua total poder sobre o universo e os demais orixás, fazendo-a dona do mundo e entregando-lhe, simbolicamente, uma cabaça e um pássaro de metal. Mas Odudua passou a reinar de forma cruel e despótica: por qualquer coisa mandava arrancar os olhos e os corações das criaturas, imperando na Terra a infelicidade.

Olodumarê, preocupado com o rumo das coisas, tirou parte do poder feminino de Odudua, até então absoluto, e entregou-o a Oxalá, restabelecendo-se a justiça e a misericórdia, para o bem dos viventes. Assim, Oxalá, o Senhor do princípio primordial masculino, passou a ser o senhor de parte do princípio feminino. A partir de então, passou a comer somente a carne de galinhas, cabras, pombas - o que fortalece seu domínio sobre o princípio feminino; e o *opaxorô* (cajado feito de galhos de iroco), a ferramenta principal de Obatalá, que divide o Orum do Aiê, tem na parte superior um pássaro de ferro branco, que é o símbolo máximo do poder feminino.

Odudua, a senhora do poder feminino, assemelha-se em alguns aspectos a Odu – Iami Oxorongá –, terrível, fria e sem coração, guardiã do poder feminino e cuja missão principal é atormentar a vida dos habitantes do Aiê, seu hábitat, para a infelicidade dos mortais.

Conta o mito que não há o que se faça para se cair nas graças de Iami Oxorongá.

Quando ela veio para a Terra disse que não brigaria com as pessoas, não tendo a mínima intenção de cumprir a promessa. Iami Oxorongá não tem pena de ninguém e está pouco ligando para o sofrimento humano.

Ela sempre está fazendo alguma coisa para atentar a vida dos mortais. E irascível e vive um eterno estado de mau humor.

Quando chegou à Terra, para que deixasse os viventes em paz, estabeleceu três condições que não poderiam ser violadas, que eram as seguintes: 1) ela proibiu as pessoas de colher os quiabos de Ejió; 2) exigiu que os mortais não apanhassem a folha ossum de Alorã; 3) proibiu as pessoas de contorcerem seus corpos no quintal da casa de Mosionto.

Ela é muito ladina e as pessoas indefesas.

Ninguém sabe o que é quiabo de Ejió, folha ossum de Alorã e onde fica o quintal de Mosionto.

Toda vez que uma pessoa colocava as mãos sobre qualquer folha, ela aparecia gritando colérica dizendo que a pessoa colhera os quiabos de Ejió, obrigando o infeliz a fazer muitas oferendas e sacrifícios que nem sempre aceitava, fazendo o desafeto pagar com a vida.

Todo aquele que tirava qualquer folha, seja lá de onde fosse, tinha de oferecer um presente a Iami.

Muitas pessoas que colhiam vegetais e raízes eram injustamente acusadas de estarem colhendo a folha ossum de Alorã, devendo antes dar alguma coisa a Oxorongá.

O mortal que comprasse seja lá o que fosse, tinha de dar um presente a ela antes. Caso contrário ela surgia do nada, furibunda, acusando o coitado de ter contorcido o corpo no quintal de Mosionto.

Iami tem prazer em atormentar a vida dos viventes...

Só Orumilá protege os humanos contra a fúria tresloucada de Iami Oxorongá. Com a proteção de Orumilá – que fez ebó contra Iami salvando todos os mortais –, se pode viver em segurança. Somente Orumilá, o adivinho, aplaca a ira de Iami Oxorongá.

• OBÁ •

Transcrevemos, a seguir, um mito sobre Iami do livro *Iroco,* da *Coleção Orixás.*

O PODER DE IAMI SERVE PARA O BEM
E PARA O MAL

Quando sai este caminho para o consulente, o Oluô diz:
"Eleié sobe na árvore.
"Eleié sobe no teto da árvore e faz o que quer."

As eleiés, feiticeiras terríveis, mulheres-pássaros, eternamente temperamentais, mal-humoradas e sem conhecimento de qualquer tipo de prazer, entenderam de descer do *Orum* para o Aiê, para interferirem diretamente na vida dos humanos, conforme sua vontade.

Iriam morar na Terra *doesse a quem doesse.*

Foram comunicar a importante decisão a Ifá dizendo que teriam residências correspondentes aos sete pilares da Terra; sete moradas em sete diferentes árvores, escolhidas a dedo. Habitariam, ao bel-prazer, nos galhos mais altos das sete árvores, de onde avistariam toda a Terra e seus insuportáveis habitantes.

As eleiés, também chamadas de iami, têm o temperamento impossível.

Irritam-se com bajuladores e também se irritam com aqueles que não são bajuladores.

Detestam risos e detestam choros. Odeiam barulho e odeiam o silêncio. Não suportam coisas frias, mornas ou quentes; têm raiva da calmaria e, mais ainda, da agitação. Odeiam festas e quem não gosta de festas.

São feiticeiras poderosíssimas que não conhecem pai, mãe ou filho.

Fazem o que bem entendem, sem a mínima lógica ou regra a seguir.

Nunca se sabe o que as iami poderão fazer, ou o que estão pensando, porque mudam muito de ideia.

Dizem que as Eleiés não têm coração. Quando foram feitas, esta parte foi esquecida.

São terríveis e têm por lema pregar sustos nas pessoas, sem que se divirtam com isso.

Fizeram a escolha das sete árvores-morada:

Ficarão sobre o pé de *Orobô* (*luo*).

Ficarão sobre a árvore *Arerê*.

Ficarão sobre a árvore *Ose*.
Ficarão sobre a árvore *Iroco*.
Ficarão sobre a árvore *Iá*.
Ficarão sobre a árvore *Obobo*.
Ficarão sobre a árvore *Assurim*.

Ifá perguntou às feiticeiras o que fariam sobre cada uma das árvores escolhidas.

Elas disseram, dando gargalhadas estridentes e terríveis:

- *Se vosmicê nos consultar sobre a sorte de alguém, se ficará muito tempo na Terra e, naquele momento, nós estivermos no Iuo, diremos que sim. Ele ficará muito tempo na Terra. Terá vida longa e terá vitória sobre todas as coisas. Será correto, sim!....*

- *Se vosmicê "olhar" para alguém que quer nossa ajuda e nós estivermos sobre a Arerê, diga-lhe que tudo será destruído por nós. Não terá sossego nem prazer; tomaremos tudo; pouco vai conseguir dormir; Não terá sorte no amor.*

- Se nos encontrarmos na árvore Ose no momento da pergunta, tudo o que a pessoa quiser para o bem lhe será dado pelas iamis. Tudo, tudo!

- Se nos encontrarmos no Iroco, estaremos meditando, meditando, meditando, pensando muito sobre o que fazer, Iroco vai nos ajudar na meditação. Pode ser que sim, pode ser que não, pode ser que não, pode ser que sim - Sim ou não! - Talvez.

- Se vosmicê "olhar" sobre saúde, ou risco de vida, e a gente estiver no pé de lá: Há, há, há! Não há esperança! Mandaremos para o orum, sem maiores delongas.

- Se vosmicê, na hora da consulta, nos encontrar na Orobô e tivermos jurado alguém de morte, este alguém será perdoado...

- Se vossa sabedoria conseguir nos encontrar sobre a árvore Assurim, que sorte a de quem pergunta! Daremos tudo, tudo, sem pestanejar!

- Quer prosperidade?
- Terá.
- Quer amores?
- Obterá.

• OBÁ •

- Quer saúde?

- Conseguirá.

- Tem inimigos?

- Enviaremos para o orum...

- Deseja a infelicidade de alguém?

- Terá sucesso em sua empreitada.

- Quer flutuar? Quer ir ao mar? Quer ir à lagoa?

- A árvore Assurim é nosso poder.

- Se vosmicê conseguir subir até a Assurim terá o poder.

A árvore Assurim é a residência do poder das Iami, onde elas ficam fortes.

Por isso mesmo, ninguém consegue se manter de pé lá...

Palavra das eleiés *se toma imediatamente e se segura*. Caso contrário, elas mudam de ideia.

Quem sabe em qual casa elas estão no momento da solicitação de ajuda? Nem o poderosíssimo Ifá sabe, ao certo. Tem de lhes perguntar. Com elas pode ser tudo, ou nada.

• OBÁ •

- O que pode se esperar de quem *não tem coração?*

As eleiés não têm coração, humor, boa vontade e seja mais o que se pensar. Têm, sim, enorme poder sobre tudo e todos.

Até o poderoso Orumilá preferiu casar-se com Iami, para livrar o pescoço da morte, fortalecendo-se muito em virtude do matrimônio.

O orixá caçador, Odé, tornou-se *Oxóssi* (caçador de uma só flecha) por ter derrotado Eleié, o que conseguiu graças à oferenda feita por sua mãe: o peito do pássaro poderoso - a própria Iami (que estava perseguindo Odé para destruí--lo) – abriu-se, *recebendo a flecha do atirador, o qual livrou a aldeia da fúria sangrenta desta bruxa terrível.*

É tão sutil a diferença entre *Odudua* e Iami, no que diz respeito ao enorme poder que têm e temperamento impossível, que a gente chega a pensar que elas se *confundem em alguns aspectos.* Ambas são primordiais, senhoras do começo, da transformação e multiplicação – qualidades que Euá, a senhora das possibilidades, irmã de Obá e de Oiá, herdou da mãe Odudua, a senhora da Terra. Obá é a descendente que mais se aproxima do poder que Odudua tem sobre todos os elementos que levam às artes de feitiçaria e bruxaria: a mais próxima da *sociedade Eleié liderada por Odu: a maçonaria das mulheres-pássaros.*

Odudua mostra-se como uma mulher sem atrativos e de grande apetite sexual; tal mãe, tal filha, Obá, sem grandes atrativos e bastante apaixonada por um rei que a despreza, redireciona o desprezo que Xangô lhe devota a todo e qualquer membro do sexo masculino.

Obá tem raiva dos homens, de uma forma geral, o que afasta a possibilidade de ter filhos (iniciados) do sexo masculino. Ela só escolhe a cabeça de mulheres.

Em geral, seu culto é feito e dirigido por mulheres: ela "come" pela mão das mulheres (o que a assemelha a Xangô, que só come oferendas apresentadas por mãos femininas). Com raríssimas exceções Obá aceita suas oferendas de "mãos masculinas" e, por incrível que pareça, quando isso ocorre, o homem é filho de Xangô... De igual forma, raríssimos são os babalorixás que iniciam mulheres de Obá. A maioria delega tal tarefa para uma mulher de confiança.

Obá não é um orixá fácil de ser reconhecido num jogo de búzios, que é um sistema oracular, composto de dezesseis cauris. Para que reconheçamos Obá, é preciso que estejamos nas boas graças desse orixá da guerra ou de Xangô, porque ela costuma se mostrar para as pessoas de Xangô. Xangô, ao reconhecer Obá, fica instável, com medo dos poderes imensos da senhora de tantos feitiços.

Podemos afirmar, então, que dentre todas as aiabás descendentes, Obá é a que mais traz atributos de Odudua e de Odu. Não é à toa que Xangô tem medo dela...

12 | Obá é irmã de Oiá-Iansã, mas não é Iansã

Há pessoas que pensam que Obá "seja uma Iansã velha". Tal pensamento faz a belicosa tremer de raiva e ranger os dentes. Ser tomada como qualidade de uma outra é um despautério! Mesmo que esta outra seja sua irmã caçula. Obá é Obá e Oiá é Oiá! São duas guerreiras "diferentes", *que têm* "temperamentos diversos", embora ambas sejam fortes, obstinadas, poderosas, lutadoras e apaixonadas.

Oiá usa as cores favoritas de Obá – tons de vermelho –, é valente e feroz, dona das tempestades e dos ventos, come acarajé, usa espada, aprecia o cobre e é ligadíssima ao elemento fogo, que lhe pertence por direito adquirido. Ela deu o fogo a Xangô e é sua esposa mais importante, sendo considerada a favorita em alguns itãns.

Oiá é jovem, alegre, comunicativa e sociável; Obá é idosa, introspectiva, gosta de solidão, não é sociável e fala pouco; Oiá é extremamente generosa e brincalhona; Obá é generosa, mas não é dada a folguedos; Oiá é explosiva, mas é de fácil reconciliação, ao passo que Obá não aceita pedidos de desculpas; Oiá é muito segura de si, porque se sente desejada e amada, o que não acontece com Obá, que é amarga, em virtude do desprezo do marido bonito, charmoso e, às vezes, um pouco egoísta; Obá desdenha a juventude e a vaidade de Oiá, o movimento contínuo da senhora dos ventos, sempre em ação e alerta, à procura de novos horizontes e aventuras diferentes. Quem quiser presentear Oiá deverá dirigir-se a um lugar alto, ventoso, que proporcione ao ofertante o sentimento de liberdade. Oiá é livre e sem limites; Obá é contida e calculista. Oiá é leve; Obá é pesada; Oiá guerreia pela causa, ao passo que Obá luta pela guerra. Para Oiá a guerra é um instrumento, para Obá, é fim. Para Obá a guerra existe como controle de natalidade, limite da vida, da própria ecologia. Oiá somente luta pela vida, que é sua causa. Oiá é uma guerreira; Obá é a própria guerra; Oiá prefere a companhia do sexo oposto; Obá não tolera a companhia masculina, que despreza; Oiá luta ao lado do marido e se sente uma igual. Ela estabelece a igualdade entre homens e mulheres; Obá se retrai perante Xangô.

Conta o mito que Oiá estava trabalhando com Ogum, seu marido ferreiro, na oficina dele no dia dos ancestrais, ocasião na qual os egunguns vinham do Orum para o Aiê, para distribuir axé e proteção para todos. Ogum batia o ferro na bigorna enquanto Oiá assoprava o fogo com um fole. Oiá, alegre como sempre, trabalhava e produzia música, conseguindo involuntariamente atrair os egunguns para a porta da oficina de Ogum. Ogum ficou tão alegre e orgulhoso de Oiá, que tirou o próprio capacete da cabeça, chamado de acorô, o símbolo de sua realeza, e coroou Oiá como sua igual em tamanho, chamando-a de "Acorô de minha cabeça". Incentivada por Ogum, Oiá foi para o lado de fora da oficina para dançar e cantar com os ancestrais, com o acorô que Ogum lhe pusera na cabeça, enquanto Ogum, na oficina, vibrava de orgulho de sua mulher. Até então somente Ogum podia usar o acorô. O orgulho de Ogum por Oiá, sua semelhante, fez com que ele modificasse a regra.

Obá é conservadora ao extremo; Oiá é o orixá que transgride pela vida. Oiá, extremamente sedutora, é plenamente realizada como companheira de Xangô, tendo tido um casamento feliz com Ogum, eternamente apaixonado por ela, como nos mostra a nossa herança mitológica iorubá. Ela é a senhora dos espíritos que transporta do Aiê, a Terra, para o Orum, o céu. Oiá é quem transforma os mortos, nesta vida, em recém-nascidos em uma outra vida, que continua. Orum e Aiê são estados, ou estágios de vida, que é eterna. Oiá também é a mãe dos egunguns, segundo variantes da mitologia; Obá, a belicosa, é chefe da sociedade Elecô, cujos membros estão muito próximos das ajés, as feiticeiras, consideradas entidades espirituais femininas.

Obá gosta de liderar e ser admirada, o que também acontece com Oiá, uma grande líder; Oiá é saudada como *òyá oriri* (Oiá, a charmosa), a última coisa que poderia ser dita de Obá, senhora belicosa e inflexível, que vive um eterno mau humor. Oiá é chamada de *Iya messan* (Iansã), a mãe dos nove céus. Os mitos a apresentam como uma grande mãe, preocupada com seus filhos; Obá não tem muito de maternal; Oiá é muito bem-humorada e adora divertir-se. E a padroeira dos enamorados; Obá despreza diversões e futilidades; Oiá é senhora de fúrias violentas, sendo chamada de "o grande vendaval – *efufu lelé* –, aquela que se veste de fogo e tem a voz possante como o trovão". Obá, que também é ligada ao elemento ar, é mais contida que Oiá, mas muito mais implacável.

13 | Obá e Oxóssi

Odé é "caçador", em língua iorubá, e Oxóssi é o orixá da família dos caçadores, o mais popular do Brasil. Na tradição afro-brasileira, Oxóssi se confunde com Odé, sendo tratado como se fosse sinônimo de Odé, o que não é exato, pois existem orixás da família de Odé que não são Oxóssi, a exemplo de Inlé (Erinlé), Logunedé, Otim e o próprio Ogum, a quem na África são dedicados *ilalá odés* (poemas em homenagem aos caçadores, que relatam suas bravatas).

Na Casa Branca do Engenho Velho, Oxóssi é chamado carinhosamente de "atirador", em virtude de seus talentos de exímio no arco e flecha. Oxóssi é o melhor atirador de flechas entre todos os Odés. Mas Obá disputa com Oxóssi o primeiro lugar de atiradora e ganha de todos os orixás no manuseio de qualquer arma inventada até hoje: do arco e flecha às armas de fogo mais modernas. Ela também é especialista na luta corpo a corpo, sendo considerada a patrona da defesa pessoal. E a guerreira dentre todos os guerreiros e guerreiras do mundo espiritual.

Obá é inseparável de Oxóssi, com quem muito se identifica. Ambos dominam a arte da montaria, são arqueiros e vivem nas matas cerradas. Obá caça com Oxóssi, que também é um feiticeiro respeitado.

Conta o mito, que Odé encontrou uma pequena órfã estrangeira num mercado em Ketu, seu reino. A garota parecia uma pequena cabra buliçosa, de tão ágil e irrequieta. Odé resolveu adotá-la, dando-lhe o nome de Oiá: "ligeira", em língua iorubá.

Passou-se o tempo e o chefe caçador ensinou à filha querida, *a menina dos seus olhos,* segundo Mãe Stella de Oxóssi, tudo que sabia de feitiçaria, caçadas e estratégias de guerra, exercitando-a na generosidade e fartura. Um dia Icu, a morte, levou o grande caçador, para a tristeza da moça amorosa, a qual durante sete dias e sete noites cantou e dançou em homenagem àquele que a encontrara na feira. Oiá reuniu as ferramentas de caça de Odé, cozinhou as iguarias de que ele mais gostava, indo depositar tudo no pé de um Iroco, a árvore orixá.

OBÁ

Olórum, o senhor dos céus, ficou tão emocionado com a dedicação de Oiá, que deu a ela a responsabilidade pelo transporte dos espíritos do Aiê, a terra, para o Orum, o céu. Odé ficou sendo o senhor de todos os ancestrais, conhecido por "Essa Aqueran", o primeiro a ser homenageado nas cerimônias de ipadé e axexê, corruptela da palavra iorubá *ajejê*, que quer dizer a "vigília do caçador".

Muitas vezes nos questionamos se as figuras de Oiá e Obá não se confundem e fundem nesse mito. Também levantamos a hipótese de Odé, neste itã, ser Ogum, o *Tobi Odé,* caçador que se transformou em guerreiro e inventor. Ele se veste das folhas do mariô, palmeira sagrada que tem o atributo de afugentar os espíritos indesejados e também é utilizada por Oiá-Iansã, como ferramenta ritual. O sacerdote do culto egungun, conhecido por Ojé, é apelidado de mariô.

Obá não é esposa de Oxóssi conforme pensam alguns, mas companheira de aventuras do senhor da caça, em cuja companhia costuma sair para caçar. Há quase vinte anos, tivemos a oportunidade de ver o orixá Obá dançando com "vários Oxóssis" durante uma celebração dedicada ao senhor da caça, no terreiro do Babalorixá Waldomiro de Xangô, em São Paulo, que à época era localizado no Bairro de Santana. Diga-se que o famoso babalorixá, falecido em 2007, teve um terreiro por várias décadas no Parque Fluminense, no Rio de Janeiro. Na festa, em São Paulo, Obá participou de todas as coreografias desempenhadas por Oxóssi e vice-versa. Ressalte-se que eram as danças nas quais Oxóssi baila segurando o arco e flecha, chamado de *ofá*, no universo religioso afro-brasileiro.

14 | OBÁ E OGUM

Segundo algumas lendas, Ogum, o senhor da guerra, foi o primeiro marido de Obá. Dizem os mitos que Obá saía com Ogum para as batalhas e a vida deles não era nada fácil, nem feliz. Era muito atribulada e cheia de altos e baixos, isto porque marido e mulher tinham uma visão muito diferente das coisas. Ela amava a guerra, ao passo que Ogum amava a causa. Apesar dos pesares, se entendiam às mil maravilhas no leito conjugai.

Os mitos de Ogum nos fazem compreender que esse grande general luta por um objetivo, identificando-se, assim, com Oiá-Iansã e Xangô, que também lutam por uma finalidade. Ogum, que tem os epítetos de *Asiuaju* e *Olulonã* "vanguardeiro e senhor dos caminhos", usa a guerra como meio para atingir um ideal, vinculando-se a um só exército, o exército dele, a uma pátria e a uma bandeira. Ele quer vencer suas batalhas, para que alguma coisa boa aconteça para si e para os correligionários. A guerra de Ogum tem por finalidade a conquista, que gera a transformação e a abertura de novos caminhos, possibilidades e invenções de melhores condições de vida, para os habitantes do Aiê.

Ogum é temido por causa de seu gênio violento. Suas fúrias estremecem o chão. Fica cego e vê tudo vermelho quando levado pela ira. Há itãs que dizem que "Ogum é o orixá guerreiro que come carne de cachorro, toma banho de sangue e abate seus inimigos." Mas ele é muito correto, detesta mentirosos e pedidos de desculpas.

Conta um mito, que Ogum, o onirê, que estava em guerra fora de sua terra há muito tempo, voltou para seu país no grande dia de silêncio religioso, sem se lembrar desse fato importante. Dirigiu a palavra a seus súditos em vão, o que o enfureceu, a ponto de sacar a espada da cintura e cortar as cabeças dos súditos que encontrou pela frente. Quando soube do equívoco e da injustiça que praticara, cavou um buraco profundo e entrou nas entranhas da Terra, em sinal de arrependimento por sua iniquidade.

15 | Obá e Euá

Obá tem traços de personalidade parecidos com os de sua irmã Euá, a senhora das possibilidades, do segredo, do encanto e da magia, que é a protetora das mulheres donzelas e daquelas que não conseguem engravidar. Obá é a padroeira das famílias, das viúvas, das mulheres infelizes no casamento e de toda e qualquer esposa traída pelo marido infiel.

Euá é a senhora da arte, das percepções, dos sentidos, amante da solidão e silêncio e de difícil reconciliação, tal qual Obá.

É caçadora e protetora da caça e dos animais da floresta, e divide com Obá a condição de padroeira das amazonas. É a senhora das poções e dos venenos, versada em feitiçarias, o que a aproxima ainda mais de Obá.

Euá é belíssima, tal qual Oiá e Oxum, o que não ocorre com Obá, que é menos dotada fisicamente. Sendo a senhora dos disfarces, do mundo virtual, Euá se apresenta do jeito que quer, como fada, bruxa e, principalmente, como pássaro, identificando-se, nessas horas, com Iami Oxorongá. Sabemos que Obá tem muito de eleié e também tem o condão de disfarçar-se, podendo apresentar-se de diferentes formas, embora esteja distante da beleza (por opção), que é o domínio de Euá e atributo de Oxum, a dama da riqueza, principal rival de Obá.

16 | OBÁ E XANGÔ

Xangô foi o quarto Alafin de Oió, reconhecido por sua bravura, coragem, destempero e conhecimentos de magia. E considerado um belo homem, de maneiras elegantes e audazes, cuja marca tribal, o *ilá,* tem o condão de atrair todas as mulheres. Os mitos dizem que Xangô é tão forte, tão forte, que tem de sentar-se sobre um pilão. Ele é chamado de "leopardo dos olhos de fogo e de dragão faiscante", dentre muitos outros epítetos. Contam os mitos que dezesseis rainhas quase se mataram pela preferência desse rei irascível mas justo, que trança os cabelos e se veste de vermelho e búzios, detesta mentirosos, adora argolas de ouro e põe fogo pela boca.

Ele é saudado por *Cabiecí,* que quer dizer "salve o rei". Gosta de comer quiabos, azeite de dendê, muita pimenta, carne de carneiro e de cágado. Aprecia roupas feitas com peles de animais selvagens e usa um machado duplo chamado *oxê,* que é uma ferramenta de destaque desse orixá tão forte, cujo símbolo principal é o *edun àrá,* a "pedra de raio".

• OBÁ •

Xangô adora orobô, uma fruta africana comestível utilizada para jogos de adivinhação. Nas consultas ao oráculo ele fala por intermédio do orobô, chamado de agbeni pelos nativos da terra Nupê, país de origem da mãe do rei de Oió e de Oiá-Iansã. Os demais orixás se manifestam por intermédio da fruta obi, a noz-de-cola.

Conta um mito, que ouvimos no Rio de Janeiro no Ilê Axé Oju Obá Ogodô, liderado por nosso irmão e amigo Bira de Xangô, relatado pelo babalaô nigeriano Famuiwá, que havia duas irmãs inseparáveis chamadas Agbeni e Aramutá. Um dia saíram mundo afora à procura do próprio destino. Foram consultar Orumilá e este mandou que fizessem ebó. Depois, Aramutá deveria apresentar-se a Obatalá, colocando-se a seus serviços, e Agbeni teria de se pôr aos serviços de Xangô. Aramutá fêz ebó e foi até o reino de Obatalá. Agbeni se esqueceu de fazer, marchando assim mesmo para o reino de Xangô. As coisas deram certo para Aramutá, mas Agbeni começou a ter muitos conflitos em seu caminho, até que, indo consultar Orumilá, ele lhe falou do ebó desprezado... Agbeni, muito desolada, embrenhou-se nas matas transformando-se numa árvore: um pé de orobô. Quando Aramutá soube que Agbeni tinha se transformado num pé de orobô, arrasada com a sorte da irmã, transformou-se num pé de obi. Comovido, Orumilá determinou que obi passaria a ser a fruta sagrada porta-voz de Obatalá e dos demais orixás, e que Agbeni, o orobô, seria a fala e os olhos de Xangô.

Orumilá também determinou que nas cerimônias de iniciações, batizados e casamentos, as duas frutas oraculares devam reunir-se, reforçando o axé. Nessas cerimônias Agbeni e Aramutá atuam juntas.

Obá adora orobôs, também "fala" por meio dos orobôs e é certeira em questões de adivinhação. Apesar da mitologia divergir a respeito da verdadeira ialê de Xangô, uma coisa é certa: Obá é a mulher desprezada e ridicularizada, muito mais poderosa que o marido em questões de feitiçaria, mas que se deixa desprezar por paixão, para o escárnio das demais aiabás, que a fitam com ares de superioridade. Os mitos nos dizem que Xangô foi treinado por Obá durante longos anos, como feiticeiro, aprendendo a se fazer invisível aos olhos dos seus adversários. Ele consegue confundir seus inimigos: quando estes pensam que ele está no norte, o belo senhor se encontra no sul, são e salvo, graças aos ensinamentos da mulher poderosa.

17 | OBÁ E OXUM

Oxum é a senhora das águas doces e de parte das águas do mar, da beleza, da procriação, cuja saudação é *ere ye ye, ô*.

É uma poderosa rainha que conquistou o coração de Xangô. Em muitos mitos ela surge como esposa de Oxóssi e mãe de Oiá-Iansã, e até mesmo como aiabá de Ogum, ocasião na qual recebe o nome de *opará*.

Oxum é um dos orixás femininos mais complexos e populares na África e diáspora africana.

Muitas ialorixás famosas da Bahia foram – e são – suas filhas. Exemplificamos: as finadas Mãe Ursulina (Sussú), Mãe Maria Júlia Figueiredo e Mãe Marieta Cardoso do Engenho Velho; Mãe Menininha do Gantois, Mãe Senhora do Opô Afonjá, Mãe Caetana Bamboxê do Lajuomi, Mãe Flaviana do Cobre, Mãe Pinguinho, Iaquequerê do Opô Afonjá, Mãe Laura, Iaquequerê do Gantois, Mãe Hilda, Iaquequerê do Gantois, Mãe Luzia, Iaquequerê do Engenho Velho e as queridas Mãe Altamira Cecília (Tatá), Ialorixá do Engenho Velho, empossada em dezembro de 1986 e falecida em 2019; Mãe Nitinha de Oxum (a decana das *oloxuns* da tradição lá Nassô e provavelmente do Brasil, falecida em 2008, que foi Ialorixá em Miguel Couto, Rio de Janeiro, e Otum-laquequerê, látebexê e Ojúodé do Engenho Velho) e a nossa laquequerê, do Opô Afonjá, Mãe Georgete Helena, empossada no dia 2 de maio de 1990, dia no qual recebemos o posto de *Agbeni Sàngó*. Mãe Georgete , falecida em 2008, também foi "mãe-criadeira" do Opô Afonjá, por mais de cinquenta anos.

Segundo os mitos, Obá tem muito ciúme da bela Oxum, a ninfa das cascatas, e ódio mortal da relação que Xangô mantém com a charmosa senhora dos rios, ribeirões e lagoas límpidas. A esperta Oxum foi a causadora do aleijão de Obá, que, ludibriada pela senhora do ouro, perdeu uma orelha que ela mesma, a belicosa, cortou fora! Contam os mitos que Oxum roubou Xangô de sua avó Obá.

Pela tradição dos terreiros, não se pode deixar Obá ao lado de Oxum, nas festas de candomblé, que aquela parte para cima desta sem piedade, de espada em punho. As águas do rio Obá, na Nigéria, ficam revoltas quando se encontram com as águas do rio Oxum, lembrando-nos a antiga e irreversível rivalidade dessas duas rainhas.

O fenômeno sazonal que acontece na Amazônia, conhecido por *pororoca* – o encontro da maré com as águas do rio, que não se misturam e formam um vagalhão de muitos metros de altura – é atribuído à contenda que Obá mantém eternamente com Oxum. A enorme onda provoca um "barulho belicoso".

18 | OBÁ E NANÃ

Nanã é a poderosa aiabá dos primórdios, a "senhora da lama", a mistura dos elementos água e terra, sendo cultuada nas lagoas de águas paradas, nos brejos e nos pântanos, cuja saudação é *saluba!* Segundo a maioria dos mitos, Nanã é mãe de Obaluaiê, Oxumarê e Ossâim. Alguns itãs consideram Nanã a progenitora de Exu, Oxóssi, Ossâim, Iroco e Euá. Ela é uma poderosa mãe, apelidada carinhosamente de "vovó", pelo povo de santo.

Nanã é considerada a anciã dos orixás, representada por uma velha encurvada e poderosa, perfeitamente lúcida e ciente de seu imenso poder. Nanã é a senhora da morte, a própria morte.

Conta o mito que Nanã foi desafiada por Ogum, o orixá do ferro e do aço, e, por isso, aboliu de seu reino todo e qualquer objeto cortante e de metal. Ela abate os animais de outra forma, confeccionando as ferramentas utilizadas em seu culto de uma maneira que dispense o uso do metal, em especial do ferro. Seus ornamentos são feitos de búzios e de palha da costa.

• OBÁ •

Obá se apresenta como uma anciã poderosa, com poderes sobre a vida no Aiê, que controla pela guerra, o que a aproxima de Nanã.

A guerra e a morte andam de braços dados...

19 | AS FILHAS DE OBÁ

As filhas de Obá são chamadas de *olobás* e também *obacis*. Há mitos nos quais o nome *olobá* é empregado como sinônimo de Obá.

As filhas de Obá são mulheres inteligentes e destemidas, bravas, generosas, briguentas e com tendência para um certo sentimento de inferioridade, que procuram esconder a sete chaves. Às vezes se tornam implicantes e amargas. Não existem melhores amigas que as filhas de Obá. Elas matam e morrem pelas amizades, que estão acima da família sanguínea. Elas não medem esforços pelos amigos. São muito ciumentas de suas relações de amizade, que não repartem com ninguém.

As filhas de Obá não são frívolas. Elas se vestem com esmero, preferindo os padrões clássicos da moda. São conservadoras – dificilmente trocam de médicos, dentistas, cabeleireiros ou modistas –, em geral não gostam de cores berrantes e tecidos estampados. Apreciam o uso de saias bem talhadas, *blazers, tailleur,* meias de seda e echarpes. Não gostam de perfumes adocicados, que lhes provocam dores de cabeça. Preferem perfumes secos e suaves. Gostam de Joias boas e discretas, de correntes de ouro, que gostam de usar por baixo da blusa.

As mulheres de Obá têm tendência a sofrer de insônia, má digestão, enjoos, problemas auditivos, mas, em geral, são longevas. Elas são, às vezes, agressivas e ferinas, mas não falam alto, nem gostam de dizer palavras de baixo calão. São intuitivas, dotadas de excelente visão e excessiva sensibilidade que não gostam que transpareça, e são um tanto sovinas e egoístas quanto aos seus trajes e pertences. Não se pode dizer que as olobás sejam dotadas de bom humor.

As olobás são excelentes advogadas, policiais, magistradas, guias e professoras. Elas se realizam ensinando e não sonegam o conhecimento que têm para ninguém, caso consultadas. Elas são um pouco carentes e necessitam de valorização. São muito trabalhadoras, às vezes exploradas, e têm uma certa tendência ao masoquismo. Não suportam competições, porque detestam perder. Elas são muito esforçadas e ascendem com facilidade aos maiores cargos em suas carreiras profissionais, que colocam acima de tudo. Não existem obstáculos para as olobás na marcha para o poder, que adoram. Elas apreciam pouco movimento, detestam barulho e têm medo do estouro de bombas, estalos e até do barulho dos champanhas.

As filhas de Obá são rancorosas e vingativas. Elas não esquecem uma ofensa de jeito nenhum e esperam vinte anos para dar o troco, ou uma resposta. Mas, acima de tudo, são dotadas de um grande e profundo senso de justiça, como poucos.

A maior proibição para as filhas de Obá é o manejo de armas, em geral, particularmente o uso de armas de fogo, grande especialidade de Obá, o que lhe dá o título de "senhora de todos os tiros".

As filhas de Obá não podem nem pensar em passar perto de uma arma, seja espada, revólver ou arco e flecha, porque Obá não admite que a prole dispute com ela o poder sobre a guerra, que é só seu.

Filhas de Obá que se envolvam com armas, poderão sofrer consequências trágicas causadas pela transgressão. Nas casas de filhas de Obá não deve haver armas. Uma filha de Iansã ou Euá poderá ser uma excelente atiradora e pertencer a qualquer exército ou clube de especialistas, o que também vale para os filhos e filhas de Ogum e Oxóssi, mas isso é impossível para as obacis. Filhas de Obá não devem nem mesmo dormir em local onde se encontrem armas de verdade, absolutamente proibidas para elas.

20 | O CULTO DE OBÁ, NA ATUALIDADE

Há poucos terreiros, antigos, na Bahia, com o culto ao orixá Obá, infelizmente.

No Axé Opô Afonjá, comunidade à qual pertenço, terreiro fundado por Mãe Aninha (Eugênia Anna dos Santos) em 1910, não existem sacerdotisas consagradas a Obá, ou quaisquer assentos desse orixá feminino, havendo poucos mitos nos quais ela aparece, apesar de nossa Mãe Stella (falecida em 2018), que foi a quinta Ialorixá do terreiro, nos ter dito, uma ocasião, que no tempo de Mãe Senhora havia uma *ajoiê,* Belazinha, com um grande enredo com Obá.

No *xirê*, que é a liturgia introdutória à festa do orixá homenageado, composta de danças e cânticos da maioria dos orixás, Obá é lembrada, *no Candomblé de São Gonçalo*, com uma boa sequência de cantigas e bailados.

Na casa matriz, a *Casa Branca do Engenho Velho,* também não há *olobás,* embora no xirê a senhora da guerra seja homenageada com cantigas e danças desempenhadas magnificamente pelas mulheres "feitas" na Casa, a exemplo de nossas irmãs Márcia de Airá, Tânia de Iansã, Ivone de Odé, Cleó de Omolú, Ladinha de Oxalá, Sandra de Oxum, Jô de Iemanjá, Té de Oxum, Rita de Iansã, Ivone de Airá, Simone de Nanã, entre muitas outras.

O Gantois – o *Candomblé da Federação* –, assim conhecido por estar localizado, em Salvador, no bairro com este nome, é a raiz brasileira mais importante para o culto do Orixá Obá, o mesmo podendo ser dito do *Ibecê Alaketu,* terreiro fundado pelo Babalorixá Nezinho de Muritiba, filho de Ogum, descendente espiritual do Gantois, conforme nos ensina Mãe Bida de Iemanjá, iniciada, na década de 1920, na Muritiba, pelo Babalorixá Nezinho e Mãe Menininha. Desde 1976, a casa foi conduzida pelas sábias mãos de nossa querida amiga Mãe Cacho, auxiliada por Mãe Juju e Ebome Bein, todas filhas de santo de Iá Menininha.

Existem poucos mitos sobre Obá, nos terreiros baianos. Há histórias atribuídas a Obá nas quais esta aiabá se confunde com Oiá, Euá e até com Oxum, que, para terror de Obá, em alguns itãs é sua neta.

• OBÁ •

Há mitos nos quais Obá aparece como esposa de Ogum e rival de Oiá.

Apesar de o culto de Obá estar se tornando cada vez mais raro na Bahia, ele tem crescido em São Paulo e no Rio de Janeiro, a partir da década de 1980. Se o interessado abrir as páginas da internet, poderá obter excelentes informações sobre Obá, em *sites* muito bem elaborados. Mas, infelizmente, o culto de Obá vem perdendo muito de sua força original, misturando-se, cada vez mais, com os cultos de Euá e de Oiá-Iansã.

Os terreiros verdadeiramente guardiães dos mitos da *senhora belicosa* e de todo seu ritual são o *Gantois,* o *Ibecê Alaketu,* conhecido por terreiro de *Muritiba,* e seus descendentes, a exemplo da casa de Mãe Edene de Omolu, iniciada no Gantois, que teve uma filha de Obá, entre suas "feitas".

Ousamos timidamente afirmar que talvez a extinção crescente do culto do Orixá Obá, ou a mistura do culto de Obá com os cultos de outros orixás femininos se relacione com a decadência e extinção, no Brasil, do culto gueledé.

21 | A IMPORTÂNCIA DOS MITOS

Na religião dos orixás, cujos mitos e parábolas são riquíssimos, os ensinamentos que os mestres dão aos seus iaôs são transmitidos por intermédio de figuras de linguagem e alegorias nem sempre de fácil compreensão. Os mitos nos fazem meditar e pensar, levando-nos ao mais profundo do ego. Diga-se que em qualquer tradição religiosa os mitos e parábolas são importantes para a compreensão de fatos naturais e filosóficos, enfatizando-se as religiões primordiais, nas quais os animais e a natureza têm personalidade própria e fascinante e participam da vida dos humanos em igualdade de condições. Às vezes um animal "tenta passar a perna em outro" e não se dá bem. Devemos fazer a leitura dos mitos dos dois ângulos: do lado do traidor e do traído, o que nem sempre é fácil. Na maioria das vezes precisamos de inspiração e ajuda para a boa compreensão do ensinamento moral contido em uma parábola.

Na religião dos orixás, a maioria dos mitos é transmitida oralmente, o que faz com que existam diversas variantes de uma mesma história.

Os poucos mitos que conseguimos recolher sobre o orixá Obá são provenientes de diferentes fontes, mas todos nos levam a uma clara compreensão sobre essa dama belicosa e poderosa.

OBÁ É A SENHORA DO RIO E AUXILIADORA DOS INJUSTIÇADOS

Há muitos e muitos anos, numa aldeia africana governada pelo chefe Oluadê, havia um jovem caçador guerreiro chamado Boají.

Ele morava com sua avó, a velha Ijalomi, uma anciã consagrada desde muito jovem a Obá, o orixá do rio.

Ijalomi era muito respeitada por seus poderes de curandeira. O neto desde pequeno cultuava o orixá da anciã com amor e respeito. Ele era bonito, ágil, gostava de rir e conversar, e era um guerreiro destemido. Na sua aldeia todas as moças lhe deitavam olhos de flerte... Boají cantava muito bem e era um exímio tocador de um tambor, conhecido por ilú. As jovens gostavam de vê-lo cantar e dançar. Ele era um moço de bom coração e bastante responsável. Sustentava a si próprio e a Ijalomi, com o fruto de seu trabalho de caçador.

A filha do chefe Oluadê, a bela Tomilade, de pele aveludada da cor do melhor ébano, apaixonou-se por Boají, sendo correspondida. Ela era generosa e o melhor partido do local. Se o pai desse o consentimento, eles se casariam e teriam muitos filhos. A popularidade de Bowaji começou a provocar despeito nos jovens da aldeia. Muitos lhe invejavam a sorte. Alguns disfarçavam o sentimento causado pela popularidade do rapaz. Outros, faziam gestos com a boca e os olhos todas as vezes que o caçador deles se aproximava, sem conseguirem disfarçar a inveja e o rancor. Poucos moços gostavam de Boají, com sinceridade.

Bóla era o pior dos invejosos. Ele ficava cheio de despeito toda vez que ouvia o nome do caçador, que caiu nas graças do chefe da aldeia. Oluadê, que era muito correto e detestava falsidade, consentiu em dar a mão de Tomilade para Boají, para a felicidade do casal e da avó.

Bóla ficou desesperado e começou a arquitetar um plano. Fez-se "de bem amigo" de Boají, que era um pouco ingênuo, e conseguiu conquistar a confiança do rapaz. Boají acreditava na sinceridade das palavras, porque ele era sincero e correto. Um dia, Bóla convidou Boají para beber vinho de palma na casa de um amigo que estava ausente da aldeia e embriagou o rapaz. Boají não tinha muita resistência ao álcool e, instigado por Bóla, bebeu demais e ficou completamente bêbedo.

Bóla tirou-lhe as roupas e deitou-o na esteira ao lado de uma bela jovem, que estava combinada com ele para pregar uma peça no caçador. Ela era apaixonada por Boají e resolveu participar do plano, na intenção de destruir o noivado dele com Tomilade, que ficou desesperada e de coração partido ao ver o noivo sem roupas e roncando ao lado de jovem tão bonita. Ele que lhe jurara fidelidade e parecia tão honesto e sincero!!!!

De coração partido, foi correndo contar os acontecimentos para o pai que, de tão indignado com a traição e o deboche do rapaz, declarou o compromisso rompido e mandou aplicar-lhe uma enorme surra de criar bicho.

Quando Boají conseguiu acordar, estava nu e moído de pancadas, na presença de Oluadê furibundo e de algumas pessoas, que zombavam dele. O pai de Tomilade lhe comunicou o rompimento do noivado.

A cúmplice de Bóla também estava presente, e, chorando, dizia que o caçador a seduzira.

Bóla, com a cara mais cínica do mundo, ladinamente defendia o amigo, dizendo que a carne é fraca e que a jovem era muito bela...

Humilhado, arrasado e com muita sede, Boají — que não se lembrava de nada —, arrastou-se até sua casa, onde foi socorrido por sua avó.

Chorando, relatou os acontecimentos à nobre anciã, que lhe relembrou seu desagrado quanto à amizade com Bóla. Ela sempre dissera ao neto que Bóla "era a caixa da falsidade"...

Boají estava inconsolável pelo rompimento do noivado.... Dizia que queria morrer e que seu coração ia arrebentar de dor. Sua avó, solidária, aconselho-o a ir até o rio Obá, lá levando um ojá vermelho, orobôs, mel e outros objetos para a aiabá, sua mãe, que morava no rio de águas barulhentas, que ficavam revoltadas quando se encontravam com as águas do rio Oxum.

Ele deveria sair ao amanhecer, sem falar com ninguém, depois de ter tomado um bom banho que ela mesma ia lhe preparar, com folhas de preceito. Deveria despachar a porta e partir.

Não deu outra. Obedecendo às ordens da veneranda senhora, Boají foi levar a oferenda a Obá. Chegando no local mais próximo do encontro das águas, deitou-se de bruços, pôs a boca no chão e abriu o coração à senhora do rio, deixando rolar muitas lágrimas sentidas. De bruços, dava socos no chão e chorava, pedindo misericórdia a Obá. Chorou por um longo tempo, até acalmar seu coração. Então, depositou o presente em cima de uma pedra grande, dentro do rio, e voltou para casa.

Seis dias depois da oferenda, Boají estava preparando seus utensílios de caça, às quatro horas da manhã, quando Bóla e a bela jovem entraram em sua casa, aos prantos e tapando os ouvidos. Tinham os olhos arregalados e as bocas abertas, e não paravam de tremer. Pareciam dois mortos-vivos. De joelhos, pediam perdão a Boají pela cilada que aprontaram. Diziam que há exatos seis dias, desde que se deitavam para dormir, não deixavam de ouvir os estrondos mais terríveis, de todos os tipos, que lhes estremeciam os corpos da cabeça aos pés. Eram estrondos, tiros de canhão, muitos gritos e som do tropel de cavalos. Não conseguiam pregar os olhos. Na sexta noite, exauridos, apareceu-lhes uma senhora de espada e lança em punho, montada a cavalo, que lhes disse que fossem pedir perdão ao seu neto de joelhos, se quisessem voltar a dormir nessa vida. Caso contrário, o barulho os levaria à loucura. Diga-se que cada um deles sofreu esses tormentos em lugares diferentes.

Nesse meio tempo, a velha Ijalomi, sem saber de nada, entrou na sala onde estavam se desenrolando esses acontecimentos, e foi imediatamente possuída por Obá, seu orixá.

Ela exigiu que Bóla fosse chamar Oluadê, imediatamente. Quando este chegou acompanhado da filha (que emagrecera muito, de paixão), Obá contou ao chefe político a falsidade cometida pelos cúmplices, que confirmaram tudo de joelhos, aos soluços. Eles diziam que era ela, a avó de Boají, a senhora de espada, que viram nos sonhos.

Oluadê, envergonhado por sua descrença, marcou o casamento do jovem caçador com sua filha para dali a doze dias e expulsou Bóla e a jovem falsa de sua aldeia para sempre.

Boají e Tomilade se casaram, tiveram muitos filhos e a primogênita foi consagrada a Obá, recebendo o nome de Obásilé. Ela também teve uma filha, que teve uma filha, que teve uma filha.... e todas foram consagradas a Obá. Até hoje tem gente dessa família que cultua a auxiliadora das causas difíceis e justas.

AS TRÊS MULHERES DO REI

Há muito tempo, num reino distante, chamado Oió, havia um poderoso rei.

Xangô era seu nome.

Ele era jovem, elegante, muito temperamental e glutão. Comia pimenta crua, ajapá e abô. Adorava azeite de dendê e quiabo.

Vestia-se com a pele de leopardos, leões, onças e tigres, que ele mesmo abatia na luta corpo a corpo. Tinha um machado, do qual não se separava.

Xangô apreciava demais a cor vermelha e também se vestia com panos enfeitados de guizos e búzios. Seus olhos pareciam orobôs e eram da cor de brasas.

Xangô punha fogo pela boca e pelas ventas.

Ele dançava ao som dos batás, como ninguém.

Xangô era tão forte, tão forte, que se sentava num pilão e mesmo assim o pilão se rachava.

Tão forte ele era, que rachava pedreiras com seus punhos e guardava dentro delas muitas pedras de raio.

Xangô atirava raios do alto de uma pedreira e provocava trovões.

Xangô tinha muito bom humor.

Xangô detestava desafios e injustiças.

Xangô tinha muitas mulheres.

Xangô tinha dezesseis mulheres.
Xangô tinha mais de duzentas mulheres.
Xangô tinha três mulheres.
Ele gostava que as mulheres dançassem para ele.
Ele gostava que as mulheres cantassem para ele.
Ele gostava que as mulheres cozinhassem para ele.
As mais importantes eram Obá, Oiá e Oxum.

Obá era guerreira, poderosa e feiticeira. Era a esposa mais velha. Ela cozinhava muito mal.

Obá era a mulher ciumenta de Xangô. Muito ciumenta mesmo. De tão enciumada do marido, ela fez várias incisões na pele para ficar mais bela.

Oiá, o grande vendaval, a charmosa, era a esposa que se vestia de fogo e comia pimenta crua. Ela comia fogo com Xangô. Era a mais jovem entre as esposas, mas era a cúmplice de Xangô. Com Oiá, Xangô dividia sua causa. Xangô confiava em Oiá, o leopardo fêmea.

Oxum, a água que produz todas as qualidades de som, era a esposa rica, a senhora de Ijexá. A graciosa rainha, cujos idés de ouro imitavam o burburinho das cascatas. Ela se vestia de ouro e de bronze, tinha dentes belos e era muito esperta. Cantava muito lindo.

Quem quisesse ter dinheiro, pedia para Oxum que ela dava. Oxum era uma grande cozinheira

Oiá, Oxum e Obá tinham muito ciúme de Xangô, o elegante.

Disputavam a preferência do marido, que, de muito esperto, ficava com todas as esposas.

Obá era a poderosa, Oiá a fiel companheira e Oxum a graciosa.

A mais ciumenta era Obá. Faria qualquer coisa para ficar no primeiro lugar do coração do Senhor de Oió. Até que um dia cortou a orelha, colocou no amalá de Xangô e se deu mal, muito mal. Pobre Obá!

OBÁ CONFIOU NA RIVAL E PERDEU
A ORELHA

Era uma vez um rei muito poderoso, chamado Xangô, que tinha três esposas: Oiá, Oxum e Obá.

As esposas eram completamente diferentes umas das outras. Oiá era alegre, jovem, guerreira e geniosa. Vivia cantando e dançando, e acompanhava o rei para todos os lugares. Mas não gostava de ser contrariada. Quando isso acontecia, suas fúrias arrancavam as árvores pela raiz. Ela era charmosa e muito sensual. Parecia um felino fêmea. Tinha o cheiro das matas orvalhadas. Xangô adorava Oiá, sua companheira de conquistas e batalhas, que se vestia de ventos, luzes e era coroada pelos vagalumes de Odé.

Obá Cacanfô, o Obá de Xangô mais veterano do Axé Opô Afonjá, conta que antigamente Oiá só se vestia de branco, a cor das nuvens dos céus, mas um dia acrescentou o vermelho em suas vestes, para conquistar o senhor de Oió. Deu certo... Oiá era muito respeitada pelos súditos do rei. Quando alguém queria algo de Xangô, pedia primeiro para Oiá. Xangô escutava Oiá, que era justa e generosa. Oiá adorava cozinhar para Xangô e também gostava muito de comer.

Oxum era vaidosa, maternal, bela, sensual, rechonchuda, muito inteligente, esperta e flexível. Uma grande diplomata. Ela era a esposa mais rica do rei. Suas roupas eram impecáveis, todas bordadas a ouro e pedras preciosas. Eram confeccionadas com as águas límpidas das fontes, tiradas nas manhãs azuis. Ela tinha muitas Joias e vivia a se mirar num espelho dourado, chamado de *abebé*. Oxum usava dezesseis pulseiras do melhor ouro, chamadas de *idés,* que imitavam os barulhos das águas. Xangô preferia Oxum nos momentos de diversão. Oxum era uma exímia cozinheira. O marido preferia suas iguarias prediletas preparadas pelas mãos de Oxum, que cozinhava melhor que Oiá.

Obá era idosa e mal-humorada. Não se vestia bem. Não gostava de cantar. Não gostava de dançar e detestava cozinha. Obá não tinha vaidade e só se vestia com suas roupas de montaria e cheirava a estrebaria. Obá era a melhor guerreira e amazona do reino, mas só defendia as causas que achava justas, independentemente dos interesses do rei. Guerreava pelo prazer de guerrear, quando queria. Ela era uma feiticeira poderosa, o que fazia com que Xangô tivesse muito medo dela. Ele desdenhava Obá pelas costas, mas não se atrevia a enfrentá-la.

• OBÁ •

Obá era a mais ciumenta de todas as mulheres de Xangô e o ciúme faz a gente cometer um bocado de asneiras...

Obá queria conquistar a preferência de Xangô. Ela não sabia cozinhar, mas um belo dia entendeu de preparar a iguaria predileta do rei, para prendê-lo pelo estômago.

Resolveu perguntar para Oxum por que é que o Senhor de Oió adorava a comida dela.

Oxum, que não gostava nem um pouco de Obá e era muito ladina, respondeu à anciã que era porque ela tinha cortado a orelha e colocado dentro do amalá de Xangô. Obá olhou para Oxum e lhe perguntou como aquilo era possível, já que ela tinha as duas orelhas no lugar. - "orelha é que nem cabelo, cresce depressa" - respondeu-lhe a senhora das águas.... - "Vá por mim. Coloque a orelha no amalá que o *três coroas* vai adorar!"

Dito e feito. Obá cortou a orelha e colocou na comida de Xangô. Toda lampeira (o que não era de costume) foi levar a iguaria para o rei. Quando ele viu aquela coisa flutuando em seu amalá, perguntou para Obá o que era aquilo.

• OBÁ •

A rainha tirou o pano que cobria sua cabeça e mostrou o local mutilado. Xangô quase colocou para fora o que ele já tinha comido e disse que Obá saísse de sua frente e levasse consigo aquela coisa nojenta. Humilhada, Obá deixou o recinto, lendo o escárnio das demais mulheres de Xangô em seus olhos.

Obá nunca perdoou essa ofensa de Oxum.

Depois do dia em que Obá cortou a orelha, Oxum teve de manter-se muito longe dela. Obá parte para cima de Oxum com a espada e a lança em riste, se a vir pela frente.

A NETA DE OBÁ

Obá era uma rainha feiticeira muito fogosa que queria casar-se.

Apesar de idosa, ela gostava muito de namorar jovens elegantes. De idosa, bastava ela!

Uma certa feita, se pôs pelo mundo disfarçada em uma mendiga, para ver se conseguia um companheiro sincero. Não queria revelar a própria identidade.

Andou e andou por mais de seis dias consecutivos. Estava coberta de pó dos pés à cabeça e morta de sede. Fazia um calor de rachar. Caminhou um pouco mais, até que se deparou com um jovem muito elegante, vestido com uma saia vermelha bordada com búzios, de cabelos trançados e argola de ouro na orelha, e se apaixonou perdidamente por ele, que era Xangô.

Pediu-lhe água e ele, muito polidamente, disse-lhe que não dava água a tão encantadora senhora porque não tinha, e que ele mesmo estava com muita sede. (Não podemos nos esquecer de que Xangô sabe como lidar com as mulheres, mesmo que sejam idosas e pouco atraentes.)

Encantada com tanta demonstração de cavalheirismo, Obá, recorrendo aos seus conhecimentos de magia, provocou uma chuva de água fresca e saborosa, saciando, assim, sua sede e a de Xangô, que a possuiu imediatamente ali mesmo, para a felicidade da rainha, que o levou consigo para o palácio real, desposando-o.

OBÁ

Tudo indicava que viviam aparentemente bem.

Grande parte do dia, passavam em seus aposentos e Obá estava cada vez mais apaixonada por Xangô, que já enjoara da companhia da velha senhora tão melosa e insaciável. Ele já não aguentava mais e tinha de dar o fora o quanto antes. O pior é que Obá não desgrudava de seu pé e ele tinha medo dos poderes da dama belicosa.

Xangô teve uma ideia. Fingindo-se de muito apaixonado por Obá, ofereceu-lhe uma beberagem que ele preparara especialmente para ela. A bebida provocava um sono profundo.

Obá, que não suspeitava de nada, sorveu a bebida apaixonadamente até o último gole, atirando olhares lânguidos para o marido velhaco.

Não deu outra: ela ferrou no sono e Xangô caiu na estrada com quantas pernas tinha....

Obá dormiu profundamente e sonhou – e o que viu fê-la ficar furiosa e acordar na hora.

Viu Xangô em um palácio de cristal, nos braços de uma bela e jovem rainha toda vestida em ouro. Eles estavam apaixonados e eram muito felizes. O choque foi tão grande, que a velha senhora acordou gritando por Xangô.

Como não obtivesse resposta, saiu à procura do marido por todo o palácio, até que tomou, repentinamente, consciência do trágico ocorrido: Xangô a enganara e deixara de maneira ladina.

Furiosa, Obá chamou todas as ajés e disse que não sossegaria até retomar o marido de volta. Ele veria quem era ela, a feiticeira Obá.

Rogou todas as maldições contra Xangô, montou seu melhor cavalo e saiu pelo mundo à procura do ente querido e tão ingrato que teria de volta, custasse o que custasse.

O sonho com a bela mulher não saía de sua cabeça cheia de ciúme. – "Quem seria aquela rainha?" Como não conseguisse descobrir, resolveu consultar Orumilá, o adivinho, para que ele a auxiliasse.

As coisas não iam nada bem para Xangô.

As pragas de Obá caíram sobre ele como uma chuva maligna. Primeiro, foi perseguido por uma mati- lha de cães raivosos. Safara-se por um triz. Depois, quase que foi picado por uma cobra venenosa, quando se abaixara para beber água em uma fonte. Uma casa de marimbondos caiu sobre ele, que se sentia exausto e sem eira nem beira. Estava roto, maltrapilho, morto de sede e todo coberto de poeira.

Continuou andando, rasgado, até que chegou a uma aldeia jamais vista.

Ficou pasmo ao se deparar com um palácio todo de cristal líquido. Andou mais um pouco e viu, para sua surpresa, que o palácio era construído no meio de um rio deslumbrante.

Fascinado pela visão pitoresca, Xangô, morto de sede, se abaixou para beber, quando ouviu o riso divertido e límpido de uma mulher jovem. Olhou para cima e não viu ninguém. Prestando melhor atenção, percebeu que o som canoro vinha de dentro da água. Firmou a vista e viu surgir, bem em sua frente, uma belíssima jovem vestida num traje dourado translúcido. Perguntou-lhe o nome. A moça disse, sorrindo, que era Oxum, neta de Obá. Ela era a rainha daquele local encantado, a grande Ialodê. Ainda a sorrir, tomou a mão de Xangô e o conduziu para seu palácio.

Neste meio tempo, Obá já sabia que Xangô estava no reino de sua neta. Orumilá lhe decifrara o sonho.

Com os olhos cegos de paixão, a anciã se dirigiu para o palácio de Oxum, à procura do marido fujão.

Jurava, entre dentes, que ele não iria ser feliz com a bela Oxum, traidora do próprio sangue.

Xangô relatou a Oxum seu casamento com Obá, dizendo que já não aguentava mais a presença pegajosa da anciã, que o escravizava, não consentindo que ele respirasse direito. Não precisa ser dito que já se apaixonara por Oxum, a mais bela entre as belas... Oxum também se deixara fascinar pelos encantos do belo jovem, de corpo tão atlético e elegante.... Ele poderia viver com ela em seu palácio de cristal. Para isso, precisavam correr. Obá não dormiria em serviço....

Oxum, que também era uma poderosa maga, construiu um boneco de madeira idêntico a Xangô e o colocou na beira do rio, mais ou menos próximo de seu palácio. Qualquer pessoa juraria que o boneco era o próprio Xangô. A única coisa é que o boneco não falava.

Obá chegou no reino de Oxum e viu o boneco, achando que era seu marido. Falou com ele – chamando-o de meu amor e não obteve resposta.

Insistiu e nada. Implorou e o silêncio persistiu, para seu desespero crescente. Ajoelhou-se e pediu que Xangô lhe falasse.... Nada aconteceu.

Louca de ciúme (o boneco olhava fixamente em direção ao palácio da neta), Obá lançou um feitiço no falso Xangô, reduzindo-o a pó. Arrasada, voltou para sua casa de coração partido, sem se dar conta de que fora ludibriada pela bela Oxum.

Xangô e Oxum que a tudo assistiam de camarote, deram uma festa íntima para celebrar a libertação de Xangô e o fim de seu casamento, vivendo juntos para sempre, felizes e satisfeitos.

OBÁ AJUDOU OXUM A BOTAR IANSÃ PARA CORRER

Oiá-Iansã era a menina mais levada e elétrica do mundo.

Gostava de *correr picula,* de subir em árvores, de brincar de esconde-esconde, de sentir o perfume e beber o mel das flores, de correr atrás das borboletas e, também, de meter susto nos outros. Ela não parava nem um segundo! Parecia uma cabrita serelepe.

Dava muitas gargalhadas gostosas quando assustava alguém... quase estourava de tanto rir. Saía gritando, dançando e pulando – *Enganei um bobo, na casca do ovo.* Iansã era terrível quando contrariada. Ficava insuportável e pirracenta, transformando-se na criança mais ranzinza do mundo.

A pobre Oxum era o seu alvo predileto de maus bofes. Ela gostava muito de Oxum, mas a vivia pirraçando. A senhora das águas tinha vergonha dos próprios pés, que eram seu ponto fraco.

Apesar de ser uma bela mulher, tinha pés muito feios e grandes, que trazia debaixo de saias e anáguas compridas.

Iansã ridicularizava os pés de Oxum, o tempo todo, dizendo-lhe que pareciam pés de pato (animal que Oxum detesta e é proibido em seu culto).

A pobre Oxum vivia triste com tanta zombaria e fazia as vontades da pequena traquinas, para não ouvir pilhérias sobre seus pés.

Obá assistia a tudo calada e tinha muita pena de Oxum.

Uma ocasião, Obá perguntou a Oxum porque ela estava chorando tanto.

As lágrimas sentidas escorriam pelo chão formando pequenas poças.

— *E Iansã que disse que vai me queimar os pés.... Eles já não são bonitos... Já pensou, se ficarem chamuscados?* — respondeu-lhe Oxum, assoando o nariz.

— *Como você é boba, Oxum. É muito fácil resolver a questão. Quando ela lhe pirraçar, diga-lhe o seguinte...* — e cochichou no ouvido da senhora das águas.

Algum tempo depois, Iansã resolveu, porque resolveu que queria os brincos de ouro de Oxum para brincar de princesa. Diga-se que eles eram muito grandes para ela, mas quando a pequena Iansã queria alguma coisa, nada a fazia mudar de ideia.

Iansã batia os pés e gritava que queria os brincos. Pacientemente, Oxum lhe explicava que ela teria brincos semelhantes, quando crescesse.

Não deu outra: Iansã começou a berrar que *iria queimar os pés de pato de Oxum, se ela não lhe desse os brincos.*

Com toda a calma, Oxum começou a levantar as anáguas e a saia - diante da moleca estupefata –, e disse que iria jogar todas as águas do mundo em cima de Iansã, que fugiu voando, gritando por socorro.

Iansã não sabia nadar e tinha muito medo de água...

Nunca mais Iansã ameaçou ninguém...

Graças ao sábio conselho de Obá, Oxum se viu livre das pirraças da "pimentinha".

OGUM FOI O PRIMEIRO MARIDO
DE OBÁ

Uma coisa é certa: a guerra é um grande prazer que Obá tem na vida.

Ela troca quase tudo pela guerra e por uma boa contenda. Obá adora desafios e adora desafiar. Só

• OBÁ •

de uma coisa ela não gosta: de perder. Competição, para ela, só é boa com a vitória. Ela não tem espírito esportivo. Ela luta para vencer.

Conta a lenda que Obá gostava tanto de brigar, tanto, tanto, que não tinha tempo para mais nada.

Não tinha tempo para namorar, para se vestir direito, como toda mulher, para ajeitar os cabelos, para arrumar a casa, que vivia cheia de poeira e teias de aranha. Só tinha tempo – e interesse – de cuidar de seu armamento e de seus cavalos, grandes amigos da fantástica amazona.

Obá queria ser a rainha da guerra.

Desafiava todos os orixás guerreiros. Já estava ficando enjoado, porque ela desafiava a todos para lutar e ganhava. Obá lutou com Oiá, com Xangô, com Euá, com Ajaguna, com Odé, com Xapanã e venceu a todos. Só não conseguia lutar com Ogum, porque o guerreiro andava envolvido com suas batalhas e não tinha tempo para disputas.

Obá começou a espalhar pelos sete ventos que Ogum não queria lutar com ela, porque tinha medo e era maricas....

♦ OBÁ ♦

No começo, os orixás achavam que tudo não passava de maledicências, mas depois começaram a olhar para Ogum com o canto dos olhos... talvez ele estivesse, mesmo, com medo de Obá e sabe-se lá....

Ogum se viu imprensado. Tinha de aceitar o desafio da amazona, mas antes deveria cuidar-se.

Foi consultar Orumilá, o adivinho, que lhe tirou um ebó para fazer. O ebó consistia num preparo à base de quiabos e outros ingredientes, os quais, todos misturados, formavam uma pasta.

O senhor da adivinhação determinou que Ogum deveria levar aquele preparado consigo, deixando-o próximo do local da contenda.

No dia marcado começou a luta e Obá, muito belicosa, passou a levar vantagem sobre Ogum, que já estava quase se dando por vencido. De repente, ele se lembrou do ebó e conseguiu levá-la até o local onde o tinha depositado. Resultado: Obá escorregou e caiu no chão. Quando ela caiu, Ogum se jogou por cima dela, arrancou-lhe as vestes e começaram a fazer amor, ferozmente.

O namoro foi tão bom, tão bom, tão bom, que esqueceram-se da disputa e Ogum pediu Obá em casamento, tornando-se o seu primeiro marido.

Dizem, hoje em dia, que Obá adora uma guerra, mas também gosta muito de namorar...

XANGÔ FOGE CORRENDO

Todos sabiam que existia uma sociedade secreta feminina chamada Elecô, cujos membros eram amazonas guerreiras comandadas por Obá, a belicosa, que era a mais poderosa entre todas as mulheres. Mas todos também sabiam que os transgressores dos segredos de Elecô pagavam com a própria vida.

As reuniões dessas mulheres eram feitas em grutas ocultas e eram secretíssimas. Só participavam delas as associadas e candidatas ao ingresso na sociedade. Não era permitida a presença de membros do sexo masculino, nos encontros ocasionais, em hipótese alguma.

Xangô era um rei muito poderoso, tirado a valente e vaidoso. Ele era solteiro, bonito, mulherengo e não suportava a ideia de ter uma porta fechada em sua cara. Achava que todos tinham de render homenagens a ele, convencidíssimo da própria importância. Não aceitava aquele negócio de existir uma entidade gerida por mulheres valentes. As mulheres tinham mais é que ficar em suas casas, cozinhando para os companheiros e cuidando da prole.

Depois de muito pensar, arquitetou um plano: iria vestir-se de amazona e dar um jeito de se misturar no meio das outras. Assim saberia o que se passava... Só se não se chamasse Xangô, o rei.

Na verdade, as intenções do Senhor do fogo não eram nada boas. Ele queria participar do encontro das guerreiras, para poder quebrar o tabu da presença de homens.... Elas iriam ver, só!

Xangô tinha muitos informantes. Conseguiu saber o local e data da próxima reunião de Elecô. Vestiu-se de mulher e pôs-se a caminho.

Para que uma amazona pertencesse a Elecô várias condições eram exigidas, além da valentia. Era preciso que a candidata não tivesse os polegares e fosse ambidestra! As guerreiras eram muito mais espertas do que Xangô pensava. Elas tinham um passaporte de ingresso para a reunião, que era

OBÁ

a exibição das mãos. Não deu outra: quando pediram a Xangô que ele estendesse as suas, o embuste foi descoberto.

O invasor deveria morrer. As mulheres se lançaram sobre Xangô arrancando-lhes as roupas, deixando-o pelado de fazer dó... Ele se lançou no chão, de joelhos, e pediu clemência a Obá, a chefe das amazonas... As mulheres gritavam que Xangô deveria morrer. Mas não contavam com uma coisa: Obá era apaixonada (secretamente) por Xangô e jamais permitiria sua destruição. Ela disse às súditas que ela mesma iria dar cabo de Xangô, o qual não parava de tremer e pedir clemência.

Obá levou Xangô para outro lugar secreto, onde só ela tinha acesso, e fez com que ele, em troca da própria vida, prometesse desposá-la... Naquela altura dos acontecimentos, Xangô faria qualquer coisa para se livrar... até renunciar à própria liberdade tão decantada.

Assim, Obá ajudou Xangô a fugir correndo, salvando-lhe a vida.

Algum tempo depois eles se casaram, para tristeza de senhor tão vaidoso, que achava Obá muito velha para ele, e das guerreiras amazonas... Obá teve de sair da sociedade Elecô. As amazonas têm de ser solteiras!

OBÁ E OXUM VIRAM RIOS
(UMA VARIANTE DA LENDA DA ORELHA)

Xangô tinha duas esposas que viviam disputando sua preferência. Seus nomes eram Obá e Oxum.

Xangô gostava muito de comer e dizem que todo homem é preso pelo estômago.

Cada semana uma mulher era a responsável pela cozinha do rei.

Oxum era uma excelente cozinheira e Xangô adorava seus pratos.

Obá era uma cozinheira terrível... sua comida era difícil de engolir.

Obá vivia bisbilhotando o trabalho de Oxum, até que um dia a senhora das águas arquitetou um plano diabólico para tirar a belicosa de combate....

Convidou Obá para ir à sua casa e a recebeu com um lenço atado à cabeça, manchado de sangue no lugar onde ficam as orelhas. Estava preparando uma sopa para Xangô, na qual flutuavam dois grandes cogumelos.

Disse, à intrigada Obá, que cortara as orelhas e pusera na sopa, a iguaria predileta de Xangô.

Não demorou muito tempo, Xangô chegou à casa de Oxum para jantar e bebeu da sopa com delícia, repetindo várias vezes. Comeu os cogumelos devagarinho, com imenso prazer. Tamanho o prazer, que, de ótimo humor, ficou para pernoitar na casa da esperta Oxum.

Na semana seguinte, que era a sua semana de enfrentar a cozinha, Obá preparou a mesma guloseima. Cortou a orelha direita e colocou para cozinhar. Por via das dúvidas cortou uma orelha só... Quando Xangô veio jantar, perguntou a Obá o que era "aquela coisa flutuando na sopa". Ao saber da verdade, levantou-se da mesa furioso e com fortes náuseas, derrubando tudo no chão.

Nesse exato momento – em que Xangô se levantava da mesa com engulhos –, Oxum chegou e mostrou a Obá suas orelhas, dando boas risadas de escárnio pela ingenuidade da rival.

Não deu outra: Obá se precipitou sobre Oxum, com a intenção de matá-la, tanto ódio sentia!

As duas rolavam no chão e Obá estava conseguindo sufocar Oxum.

Tudo isso suscitou a ira do Senhor do fogo, o qual partiu para cima das litigantes, ameaçando-as de morte. Quando Xangô tem ataques de fúria, fica pior que Ogum... E as piores demonstrações de mau humor de Xangô são motivadas pela fome...

Apavoradas, as mulheres fugiram do rei – que tentava alcançá-las com seu raio –, e na fuga se transformaram nos rios Obá e Oxum, cujas águas, quando se encontram, produzem um barulho horrível.

O CAVALO-MARINHO

Uma das características de Obá é o extremo rancor. Ela não é de fácil reconciliação e tem muita dificuldade de perdoar ofensas.

Obá não se esquecia da maldade de Oxum.

• OBÁ •

Foi por causa de Oxum que ela perdera uma orelha, virando motivo de chacota de muitos desalmados.

Bem que ela gostaria de esquecer-se de tamanho logro... mas como pode superar o engodo?! Toda vez que passa a mão no rosto, ou se mira nas águas de seu rio, o *odô Obá,* vê o aleijão provocado pela velhacaria de Oxum.

Obá jurou vingança, por tudo quanto é mais sagrado. Vingar-se-ia de Oxum da forma que mais a atingisse.

Logunedé era um menino pequeno muito travesso, que morava com sua avó Iemanjá.

Ele era filho de Oxum com Erinlé, o caçador aquático.

Um dia, o levado garoto escapou da vigilância de Iemanjá, que também era sua mãe de criação, e foi passear pelo mundo.

Andando e andando, avistou-se com uma senhora toda vestida de roupa de montaria, em cima de uma pedra, dentro do rio barulhento, que lhe perguntou o nome.

Quando ele disse que era Logunedé, o menino de Oxum, Obá perdeu a cabeça e arquitetou um plano para afogá-lo ali mesmo, tamanho o ódio que sentia por sua rival. Seria a melhor forma de fazer a senhora das águas sofrer. Tirar-lhe-ia o filho amado.

Perguntou-lhe se ele queria andar de *cavalo-marinho* dentro do rio.

Logunedé lhe respondeu, batendo palmas e dando vivas, que adoraria montar um cavalo-marinho, mas que não havia nenhum ali. Os cavalos-marinhos moravam no mar, o domínio de sua avó.

Obá lhe retrucou que se ele viesse ter com ela, no rochedo, ela lhe emprestaria seu cavalo-marinho e também um barco dourado para ele passear quanto quisesse.

O menino, que adorava barcos, já estava entrando nas águas do rio Obá, quando repentinamente um furacão o lançou pelos ares, conduzindo-o até a presença preocupada de Iemanjá, que dera pela falta do neto levado.

De dentro do furacão saiu Oiá, a senhora dos ventos, que explicou a Iemanjá que Logunedé estava prestes a ser afogado pela rival de sua mãe, sua irmã Obá, que apesar de excelente pessoa, estava se deixando levar pela paixão de forma reprovável... *Os inocentes não devem pagar pelos pecadores.*

Se não fosse pela interferência generosa de Oiá, Logunedé *pagaria o pato.*

OBÁ CORTOU O RABO DO CAVALO BRANCO DE XANGÔ

Obá era muito apaixonada por Xangô, um grande conquistador de terras e de mulheres, que vivia de conquistas em conquistas.

Xangô se casou com Obá em Kossô, entre uma conquista e outra. Eles eram muito felizes no casamento, apesar de o rei não poder ver um *rabo de saia* em sua frente.

Um dia Xangô viu Oiá lavando roupas, na beira de um rio, e se apaixonou perdidamente por ela, a quem imediatamente propôs matrimônio.

Uma certa feita, o galante senhor se deparou com a bela Oxum a se mirar, cantando, em seu abebé de ouro, em cima de um rochedo, na cachoeira, e se enamorou dela, que veio a ser a terceira esposa.

As três consortes viviam aos *trancos e barrancos* por causa de Xangô.

Obá comprou um cavalo branco belíssimo e o ofereceu a Xangô, que gostou muito do animal tão elegante.

Algum tempo depois, Xangô partiu para a guerra montado no seu cavalo e levou Oiá, na garupa.

Obá e Oxum esperavam, desesperadas, pela volta de Xangô. Pensavam no pior, pois passara-se muito tempo sem notícias de Xangô e Oiá.

Muito triste, Obá resolveu procurar Orumilá, para que ele lhe dissesse qualquer coisa acerca do paradeiro do esposo.

Orumilá disse que ele estava vivo e muito feliz, na companhia de Oiá.

Tirou o seguinte *ebó*, para que Xangô voltasse: ela deveria pegar um rabo de cavalo novo, prepará-lo com um certo material e, depois de tudo pronto, pendurá-lo no teto da casa, para atrair Xangô, que voltaria para casa.

Obá contou a Oxum o ocorrido e foi astuciosamente aconselhada por ela a incumbir Exu da tarefa de conseguir a cauda do animal. Não deu outra: Exu cortou a cauda do cavalo branco de Xangô e foi correndo levá-lo para Obá, que não desconfiava da cilada.

Muito feliz, Obá colocou o rabo de cavalo no teto.

Três dias depois Xangô retornou à casa, muito abatido pela morte de seu cavalo branco.

Quase caiu para trás quando reconheceu a cauda do animal no teto da casa, ficando irado quando Oxum lhe contou que Obá mandara Exu trazer-lhe o rabo de sua montaria predileta.

Xangô, irado, não quis mais saber de Obá, a quem repudiou.

OBÁ EXIGE A FILHA DO REI
EM SACRIFÍCIO

Em uma aldeia havia um senhor muito bom, Onijadê, que era casado com uma bela princesa chamada *Joia Rara*.

• OBÁ •

Joia era filha do orixá Obá, a quem fora prometida como sacerdotisa desde menina por seu pai, um poderoso rei, que não cumpriu a promessa de entregá-la aos sacerdotes para ser iniciada.

Um dia, Onijadê voltava da guerra vitorioso, com seus exércitos e grandes riquezas em Joias, e precisava atravessar o rio Obá, que estava furioso.

As correntes traiçoeiras do rio não permitiriam a travessia dos homens com seus cavalos.

Onijadê invocou Obá, a senhora do rio, e pediu-lhe que o ajudasse a atravessá-lo.

A guerreira lhe perguntou o que ganharia em troca e ele disse que lhe daria riquezas, Joias raras.

Obá aceitou o pacto imediatamente, acalmando as águas e baixando seu nível, de maneira que os homens e suas coisas pudessem passar. Ela esperava receber Joia Rara (a princesa) em troca.

Onijadê cumpriu o pacto que entendia ter feito, lançando ao rio toda as Joias raras que trouxera, acompanhadas de flores, perfumes, acarajés e abarás... Tudo foi devolvido para as margens. Obá queria sua sacerdotisa prometida. Muito tempo depois, Onijadê retornou às margens do rio Obá, que estava turbulento, oferecendo à senhora das águas novamente Joias raras, para que pudesse passar. Obá, furiosa, retrucou-lhe que não tratava com gente sem palavra. Uma vez ele lhe prometera Joia Rara e não cumpriu o acordo.

Desesperado, Onijadê percebeu o engano que cometera... Já era tarde demais. O rio estava tragando seus homens, que gritavam por socorro, objetos, montaria...

Joia Rara, que tudo presenciara calada, deu um salto e mergulhou nas águas turbulentas, submergindo. As águas se acalmaram, como por encanto.

O rio devolveu às margens todos os homens sãos e salvos, acompanhados da cavalgadura, tesouros, iguarias.

Joia Rara ficou vivendo no fundo do rio com Obá, para sempre.

OBÁ GANHA O PATRONATO
DA FAMÍLIA

Alguns orixás femininos se inscreveram no concurso que elegeria aquela que seria a patrona da família.

Obatalá decidiria a disputa pelo título.

Pobre Obá: considerava-se feia e desengonçada. Não queria se inscrever. Era tímida demais e achava que não tinha chance de se eleger.

Foi consultar Orumilá que lhe disse que ela oferecesse um ebó para Iami, a grande mãe ancestral.

Obá ofereceu um presente para Iami ricamente arrumado dentro de uma cabaça cheia de dendê e o depositou ao pé de uma árvore cajazeira.

No dia do concurso, as aiabás compareceram, Iemanjá disse que era a mãe das águas e deveria ser a patrona das famílias.

Nanã arguiu que era a mais velha e deveria vencer.

Oxum falou que era a mãe da vida e, portanto, o título deveria ser dela.

Euá frisou que era a senhora do belo e deveria ganhar a disputa.

Oiá relembrou que ela era a mãe de muitos filhos. Tinha de ser vitoriosa.

Obá chegou e disse que não era nada. Era apenas uma esposa velha, traída e enganada, rejeitada pelo marido. Era apenas a pobre advogada das causas impossíveis.

Obatalá deu o título a Obá.

Graças aos desembargadores das causas difíceis é que ainda existem as famílias.

Oba xi, ô!

Conclusão

Espero que a leitura tenha sido agradável. Que os preclaros leitores tenham terminado estas linhas com água na boca, pedindo mais, viajando pelos mitos narrados na companhia guerreira de Obá, levados pela fala arrastada e as saias sagradas de uma sacerdotisa da Bahia de ternura, de cabelos brancos, óculos de quem conhece, apostou e deu certo.

Desejo que tenham lido devagarinho, com carinho, saboreando as palavras sonoras, retomando nomes, retornando, querendo saber mais e mais sobre os orixás e sua gente que soube querer e venceu graças à fé, cuja cultura, aqui transmudada em afro-brasileira, se faz tão viva em nossos corações plurais, que respeitam a natureza, a vida e sabem que, muitas vezes, a expressão "diferente" não passa de retórica.

O mundo é plural mas esta vida que vivemos aqui e agora é única.

Ansiamos ardentemente em dar sentido às nossas existências, povoadas de deuses e deusas que nos amam, nos chamam e nos escolhem, se confundem e se fundem e convivem... graças sejam dadas ao Deus/Deusa da vida!

Que a vida sempre vença!

O que Xangô quer Ele toma e tomba.
Festa do Ojaabalá, outubro de 2001.
Ilê Axé Opô Afonjá – Salvador, Bahia, Brasil.

Glossário

• Ajés – (iorubá aje)
Como são chamadas as "eleyé". (v.)

• Ajoiê
Assessora direta do orixá.
Considerada a "mãe" do orixá. É um sinônimo de Equede.
Qualquer pessoa que detém um posto religioso. Sinônimo de oloiê.

• Alaketu
Nome pelo qual é conhecido o Terreiro Maroalage, sito no bairro soteropolitano de Matatu de Brotas.

• Asiuaju – (iorubá)
Vanguardeiro.

• Assentos
Conjunto de objetos sagrados e consagrados que representam o próprio orixá.

• Atarê
Pimenta-da-costa.

• Axé – (iorubá ase)
Força, "assim seja", magia e também nome atribuído às casas de culto aos orixás.

• Aiê (aye)
Terra.

• Aiabá
Rainha; nome pelo qual os orixás femininos (e seus filhos e filhas) são designados.

• Bamba
O creme natural do azeite de dendê.

• Bate-folha
Nome popular do terreiro congo "Mansu Banduquequé", fundado no início do século e sito em Salvador, Bahia, no bairro "Mata Escura".

• Babá – (iorubá)
Papai, pai.

• Bogum
O mais tradicional terreiro jeje-mahi da Bahia, localizado em Salvador, no Bairro do "Rio Vermelho de Baixo".

• Camisú
Peça do vestuário feminino: camisa, blusa.

- **Candomblé**
Nome popular dado, no Brasil, às casas de culto a orixás, voduns e inquices. Original (bantu) casa de oração. Para alguns, local onde se dança.

- **Casa**
Sinônimo de templo.

- **Casa Branca**
Primeiro terreiro de orixás da Bahia, também conhecido popularmente por "Engenho Velho", cujo nome é Ase Iya Naso Oka Bangbose Obitiku. Desta importante casa saíram os Candomblés do Gantois e Opô Afonjá.

- **Dadá**
Orixá masculino da família de Xangô.

- **Ebó**
Oferenda ou sacrifício propiciatório.

- **Ebâmi**
Sinônimo de Ebome.

- **Ebome** – (iorubá Egbón mi)
Irmão(ã) mais velho. Termo utilizado para os filhos de santo com a iniciação completa e tratamento que se dá a poucos e importantes veteranos.

- Efum

Giz branco usado para iniciação e outros rituais.

- Ebé - (iorubá Ègbé)

Sociedade.

- Eleié - (*Èleyé* – iorubá)

Dono(a) do pássaro. Nome dado a feiticeiras que se transformavam em pássaros, também chamadas de Iami (iorubá – "minha mãe").

- Euá (iorubá – Yewá)

Orixá feminino (Euá) - a Senhora das possibilidades.

- Euó

Proibição, quizila (bantu – quizília).

- Filho(a) de santo

Iniciado na religião dos orixás, voduns e inquices.

- Gantois

Terreiro Ile Iya Omi Ase Iyamase, localizado, em Salvador, no Bairro da Federação.

- Equede

Sinônimo de ajoiê.

- Ialadê

Título conferido a uma Equede de Oxalá.

- Ialodê – iorubá *Ìyálodé*

A mulher mais importante de um lugar. Epíteto de Oxum.

- Ialorixá – (iorubá *Ìyálorisa*)

Sacerdotisa suprema dos Orixás.

- Iaô – (iorubá *iyawó*)

Filho de santo até os sete anos de iniciação e com todas as obrigações completas, quando passa a ser chamado de Ebome, ou Ebame; esposa (o) do orixá.

- Idés

Braceletes.

- Ijexá

Povo de fala iorubá localizado na Nigéria; o principal culto ao orixás Oxum (Osun), Erinlé e Logunedé é feito em Ijexá; o nome dado a uma "nação" de candomblé próxima à nação de Ketu; ritmo sacro entoado nos terreiros das nações de Ketu; ijexá e efã.

- Inquice

Divindade (ou divindades) dos povos bantus.

- Itã (s)

Versos recitados pelo babalaô (babalawo) nos jogos oraculares.

- Nação

Expressão popular usada pelos membros dos candomblés, que toma como referência o culto praticado: orixás (nação ketu), inquices (nação angola) e voduns (nação jeje).

- Obá

Orixá da guerra e do rio Obá.

- Obá – (iorubá) – Rei.

Prefixo do nome dos iniciados de Xangô; sacerdotes (masculinos) de Xangô, no Opô Afonjá.

- Obaluaiê

Orixá masculino. Senhor da saúde que controla a vida. Filho de Nanã.

- Obatalá-Oxalá

Orixá ligado ao "branco".

- Odudua

Orixá ligado(a) a Obatalá.

- Ofá

Ferramenta de Odé equivalente a um conjunto de arco e flecha de metal.

- Ojás – (no plural, do iorubá *ojà*)

Tiras de pano de mais ou menos um metro e meio de largura, usadas como parte do vestuário da ilha de santo.

Os ojás podem ser usados na cabeça, em forma de turbante, ou no peito, em forma de laço.

• Odé – (iorubá Ode)
Caçador.

• Ofá
Pequeno arco e flecha.

• Ofó
Pó mágico, preparado especial; "atim".

• Olhador
Sacerdote ou sacerdotisa que tem como uma das atribuições a consulta oracular.

• Olhar
Expressão popular usada para consulta oracular.

• Olórum
Senhor dos céus, um dos epítetos de Olodumarê – sincretizado com Deus (judaico-cristão).

• Olodê
Senhor da rua. Orixás que gostam de morar na rua. Os orixás olodês são Exu, Ogum, Obaluaiê e também Iroco.

• Olodumarê
(Deus).

• Onijá – (iorubá)
Guerreiro.

• Opô Afonjá - (Ilê Ase Òpó Afonjá)
Terreiro dedicado ao *Orisa Sàngó* (Xangô), fundado por Eugennia Anna dos Santos, Oba Biyi, em 1910, responsável pela liberação, no Brasil, de qualquer tipo de manifestação religiosa de origem africana, dados seus apelos ao então ditador Getúlio Vargas, por intermédio do Ministro Graça Aranha. O Axé Opô Afonjá é localizado no bairro soteropolitano do Cabula (São Gonçalo do Retiro). É popularmente chamado de Candomblé de São Gonçalo.

• Ori
Cabeça. Termo também usado no sentido espiritual.

• Orixá – (or. iorubá *Orisa)*
Divindade dos iorubás.

• Orum
Céu.

• Osum
Pó vermelho utilizado para iniciações e outros preceitos.

- Oxóssi – (or. iorubá *Osowusi*)

Orixá da família de Odé.

- Oxumarê

Orixá do arco-íris, representado por uma serpente abraçando o globo terrestre.

- Oiá – (or. iorubá *Òyá*)

Orixá feminino, também chamado Iansã (iorubá Ìyánsan).

- Oió

Principal localidade da Nigéria, de culto ao Orixá Xangô.

- Pano da costa

Peça importante do vestuário feminino semelhante a um xale retangular, que deve ter aproximadamente dois metros de comprimento e oitenta centímetros de largura.

- "Saia com pouca roda"

As iniciadas usam muitas anáguas engomadas sob a saia principal. "Pouca roda", quer dizer, pouca goma.

- Terreiro

Sinônimo de casas de culto a orixás, voduns e inquices, no Brasil.

• Tumba Junçara
Terreiro angola fundado por Manuel Ciríaco de Jesus, Tata Ciriaco (Ludiamugongo), nas primeiras décadas do século XX, sito no bairro da Vila América, em Salvador.

• Xangô – (or. iorubá *Sàngó)*
Divindade iorubá.

• Uaji
Pó usado para iniciações e outros rituais.

Bibliografia

ABIMBOLA, Wande. *Yoruba oral tradition*. Ibadan: Ibadan University Press, 1975.

AZEVEDO, Stella e MARTINS, Cléo. *E daí aconteceu o encanto*. Salvador: Opô Afonjá, 1988.

AZEVEDO, Stella. *Meu tempo é agora*. São Paulo: Oduduwa 1993.

BASTIDE, Roger. *O candomblé da Bahia*. (Rito Nagô), 3ª edição, São Paulo: Nacional, 1978.

BASTIDE, Roger. *Estudos afro-brasileiros*. São Paulo: Perspectiva, 1973.

BASTIDE, Roger. *As religiões africanas no Brasil:* Contribuição a uma sociologia das interpenetrações de civilizações. São Paulo: Pioneira & Edusp, 1971.

BOURDIEU, Pierre. *A economia das trocas simbólicas*. São Paulo: Perspectiva, 1974.

CARYBÉ. *Os deuses africanos no candomblé da Bahia. African gods in the candomblé of Bahia*. 2ª edição. Salvador: Bigraf, 1993.

CACCIATORE, Olga G. *Dicionário de cultos afro-brasileiros*. Rio de Janeiro: Forense, 1988.

CARNEIRO, Edison. *Candomblés da Bahia*. Rio de Janeiro: Edições de Ouro, 1961.

CABRERA, Lydia. *El monte – igbo – finda – ewe orisha – vititinfinda*. 6ª edição. Miami: Coleccion del Chicherekú, 1996.

CHESI, Gert. *Voodoo – Africa's secret power*. 2ª edition. Worgl (Áustria): Perlinger Verlag, 1980.

EDUARDO, Octávio da Costa. *The negro in northern Brazil. A estudy in acculturation*. New York: JJ. Augustin Publisher, 1948.

ELLIS, A. B. *The yoruba-speaking peoples of the slave coast of West Africa religions, manners, customs, laws, language etc.* London: Curzon Press, 1974.

FERREIRA, Aurélio B. de H. *Novo Dicionário da Língua Portuguesa*. Rio de Janeiro: Nova Fronteira, 1975.

FERRETTI, Sérgio. *Querebentã de zomadônu: etnografia da Casa das Minas do Maranhão*. São Luís: EduFMA, 1996.

FISCHER, Ernst. *A necessidade da arte*. Rio de Janeiro: Zahar, 1996.

GLASGOW, Roy. *Nzinga*. São Paulo: Perspectiva, 1982.

KURY, Mário da Gama. *Dicionário de mitologia grega e romana*. Rio de Janeiro: Jorge Zahar Editor, 1990.

LANDES, Ruth. *A cidade das mulheres*. Rio de Janeiro: Civilização Brasileira, 1961.

LIGIÉRO, Zeca. *Iniciação ao candomblé*. 2ª edição. Rio de Janeiro: Record, 1994.

LIMA, Vivaldo da Costa. "*O conceito de 'nação' nos candomblés da Bahia*". Afro-Asia. Salvador, (12): 65-90. Jun., 1976.

LIMA, Vivaldo da Costa. *A família de santo nos candomblés Jeje-nagôs da Bahia*. Um estudo de relações intragrupais. Salvador: UFBa, 1977.

LUZ, Marco A. de O. *Agada: dinâmica da civilização afro-brasileira*. Salvador: UFBA & Secneb, 1988.

MARINHO, Roberval José. *Arte e educação no universo cultural nàgó* – O Ilê Axé Opô Afonjá – Um estudo de caso (1977-1978). São Paulo, ECAUSP, 1989 – (Tese de Doutorado).

MARTINS, Cléo, LODY, Raul. – *Faraimará – o Caçador traz alegria. Mãe Stella – 60 anos de iniciação*. Rio de Janeiro: Pallas, 1999.

MOURA, Carlos Eugênio Marcondes de. *As senhoras do paraíso da noite – Escritos sobre a Religião dos Orixás V*. São Paulo: EDUSP, 1994.

PEREIRA, Manuel Nunes. *A casa das minas – O culto dos Voduns Jeje no Maranhão*. 2ª edição. Petrópolis: Vozes, 1979.

RAMOS, Arthur. *Introdução à antropologia brasileira. Os contatos raciais e culturais*. 3ª edição. Rio de Janeiro: Livraria da Casa do Estudante do Brasil, 1962.

RODRIGUES, Nina. *Os africanos no Brasil*. São Paulo: Nacional, 1935.

SÀLÁMÌ, Síkírù. *A mitologia dos orixás africanos*. São Paulo: Oduduwa, 1990.

VERGER, Pierre Fatumbi. *Ewe: o uso das plantas na sociedade iorubá*. São Paulo: Companhia das Letras, 1995.

Este livro foi impresso em novembro de 2020,
na Impressul, em Jaraguá do Sul.
O papel de miolo é o offset 75g/m² e o de capa é o
cartão 250g/m². A obra foi composta nas tipologias Gill Sans
corpo 11/15,5 e Newfoundland corpo 16/17.